我国乡村小学女教师的职业心理发展研究

李 暄 著

中国纺织出版社有限公司

图书在版编目（CIP）数据

我国乡村小学女教师的职业心理发展研究 / 李暄著. -- 北京：中国纺织出版社有限公司, 2024.5
 ISBN 978-7-5229-1810-5

Ⅰ.①我… Ⅱ.①李… Ⅲ.①农村学校—女性—小学教师—心理健康—研究—中国 Ⅳ.①G443

中国国家版本馆CIP数据核字（2024）第110549号

责任编辑：张　宏　　责任校对：江思飞　　责任印制：储志伟

中国纺织出版社有限公司出版发行
地址：北京市朝阳区百子湾东里A407号楼　邮政编码：100124
销售电话：010—67004422　传真：010—87155801
http://www.c-textilep.com
中国纺织出版社天猫旗舰店
官方微博 http://weibo.com/2119887771
天津千鹤文化传播有限公司印刷　各地新华书店经销
2024年5月第1版第1次印刷
开本：710×1000　1/16　印张：9.5
字数：150千字　定价：98.00元

凡购本书，如有缺页、倒页、脱页，由本社图书营销中心调换

前　言

自19世纪60年代以来，扎根理论（grounded theory）研究逐渐兴起，并在社会学、教育学、心理学、医学等领域发扬光大。扎根理论是什么？简言之，扎根理论是一种从资料中"生成"新的理论的质性研究方法。扎根理论是一种在对特定社会现象知之甚少的情况下，探索实践领域或者获得对社会现象的新认识时常用的质性研究方法。扎根理论可以通过为研究人员和读者大众等提供对特定社会现象的直观印象及深度理解，为人类行为和互动提供有意义的见解。得益于此，扎根理论被认为是一种特别有用的质性研究方法。总而言之，扎根理论通过尝试对人类行为和互动过程及轨迹进行抽象概念化和理论化来创建关于社会现象的形式理论和实质性理论。扎根理论的分析步骤大致可分为三个阶段：开放编码（open coding）、主轴编码（axial coding）、选择编码（selective coding）。在开放编码阶段，研究者获得研究参与者的许可，转录录音采访内容，然后逐行仔细阅读和分析内容，以开发属性和面向。在主轴编码阶段，研究者聚焦于某一范畴，分析开放编码阶段获得的属性和面向，并通过不断回答"为什么（why）、如何（how）、谁（who）、何时（when）、什么（what）、何地（where）"等问题，建立包含因果条件、脉络条件、干预条件、现象、行动或相互作用和结果的系统性的范式。在选择编码阶段，研究者通过导出资料中的范畴获得充分抽象化的核心范畴。

职业心理指人们在特定的职业活动中产生的稳定的心理倾向或个性特征。这些职业心理特征包括但不限于对本职业的认知、职业能力、职业意志、职业情感、职业满意度、职业认同和职业价值观。众所周知，心理是现实在头脑中的反映。基于此，我们可以推导出职业心理则是职业活动中的现实在从事特定职业的人们的头脑中的反映。对本职业的认知是劳动者对所从事职业的一种意识活动。职业能力是指劳动者完成职业的才能或办事的本领。职业意志是劳动者完成职业活动所具有的坚持不懈的精神。在日常工作中,它主要是体现在劳动者克服职业活动中的障碍和困难等方面。职业情感是指劳动者内心对自身职业所持有的肯定或否定态度的心理体现。职业满意度是指劳动者对自己所从事的职业的内心满意程度。职业认同是指劳动者对自身所从事职业的正面评价。职业价值观是指劳动者在职业选择时和入职后,对所从事职业持有的信念、态度或看法。

郑燕燕（2005）对教师的职业心理状态进行过概念界定。根据郑燕燕的观点,她认为教师的职业心理状态是指教师在对自身角色深刻认识的基础上,依照社会的期望和自身的实际情况不断对自己的行为及心理进行调整,使自己能够适应角色的要求并不断促进角色向积极方向发展的趋势[1]。根据这一概念我们可知,教师职业心理区别于从事其他职业的劳动者的心理状态,且反映出社会公众对教师这一神圣职业的期待。

我的儿童时代曾是在教工家属区度过的。有意思的是,在我读教育学硕士期间,我身边的亲朋好友都陆陆续续地走上工作岗位,大部分的亲朋好友都选择当了老师。近水楼台先得月,我也就开始着手用在硕博期间学到的质性研究——扎根理论方法开展关于教师职业心理的研究。

为了做这项研究,我在南方某个建在山顶的乡村小学与教职工同吃同住,观察他们每天的日常。为了给访谈做好准备,我在访谈之前与他们沟通交谈,尽力融入他们,以期尽快形成良好的亲善关系。良好的亲善关系有助于访谈的进行,并收集到研究目的之外的资料。在访谈之前,我会提前联系参与本次研究的老师,并说明研究意图。我在获得老师们同意的情况下,对与老师们的访谈进行录音。为了提高研究的信效度,我还在访谈期间完成访谈备忘录和研究日志的写作。这两项内容将被用在资料分析阶段。对访谈内容的分析是从访谈录音资料的转录后开始的。单就访谈录音

---

[1] 郑燕燕. 中小学教师职业心理状态探析[J]. 临床心身疾病杂志, 2005 (4): 381-382.

转录就是一项大工程，尤其是遇到参与老师在访谈中发出笑声、叹息声或是其他一些声音的情况，也得如实记录，力争做到还原访谈场景。

资料分析阶段开始于第一份访谈资料转录之后，此后的资料分析和访谈同时进行。资料分析的结果也会反馈到下一次的访谈里。我们还可以根据第一份访谈的分析结果，通过理论抽样选择适合本研究的研究参与者。这大概就是质性研究——扎根理论的魅力之一吧。最后分析出的结果，也应经历交叉验证，在确保研究的信效度的前提下，才能写作成文。

依据本研究的结果可知：教师对教职有着非常正面的认知，他们认为教职是崇高的、需要奉献的职业，而且他们愿意为了教职，为了学生，奉献一生。乡村教师和学生的关系不仅仅是简单的师生关系，还是朝夕相处的伙伴、是随时可见的家人的亲密关系。学生的正面反馈，学生对自己的肯定是教师从事教职源源不断的动力。

行文至此，希望拙作能够使读者深入其境地感受到我国乡村学校的风貌、师生之间深刻的情谊、教师奋发向上坚持初心的面貌，也希望城镇教师、教育研究者、教育政策制定者，或其他教育相关人员也能够通过此书了解到我国乡村教师的日常生活以及他们随着教龄变化的那一部分职业心理和永恒不变的那一份初心。

谢谢所有参与此研究的人员，以及所有帮助过我的人。

李暄

2023 年 10 月

目 录

第一章　绪　论 ·· 1

第二章　教师职业倦怠理论与研究回顾 ······································ 7

 第一节　教师职业心理的文献综述 ·· 7
 第二节　我国乡村学校的相关研究 ·· 21
 第三节　乡村小学教师的生活考察 ·· 23
 第四节　教师心理耗尽的相关研究 ·· 28
 第五节　女教师心理耗尽的质性研究 ···································· 50

第三章　乡村小学女教师职业心理的研究路径 ····························· 53

 第一节　研究的整个过程与步骤 ·· 53
 第二节　研究参与者 ·· 54
 第三节　数据收集 ·· 59
 第四节　资料分析 ·· 62
 第五节　研究的信度和效度保障 ·· 63

第四章　乡村小学女教师职业倦怠现实情况 ································ 67

 第一节　多名乡村小学女教师的职业心理历程故事梳理 ······· 67
 第二节　乡村女教师们的职业心理发展过程 ························· 77
 第三节　乡村女教师们的职业心理发展历程的扎根理论典范模型 ······ 108

第五章 教师职业心理发展历程评述 …………………………………… 117

第一节 从学校生活方面论述教师职业心理发展历程 …………… 117
第二节 从教育课程实践方面论述教师职业心理发展历程 ……… 119
第三节 从教育政策贯彻方面论述教师职业心理发展历程 ……… 120
第四节 从教育评价实施方面论述教师职业心理发展历程 ……… 121

第六章 对改进乡村小学女教师职业倦怠的建议 …………………… 123

第一节 总结 ……………………………………………………… 123
第二节 结论和建议 ……………………………………………… 125

参考文献 …………………………………………………………………… 129

第一章 绪 论

21世纪以来，随着心理学领域的发展，对教师心理状况的调查也逐渐增多。2000年4月，我国中小学健康教育课题组对辽宁省城乡学校2922名教师的心理状况进行了调查。结果显示，参与调查的全体教师中有51.23%正在经历教师职业倦怠（中国新闻网，2007）。2005年，中国人民大学将教师调查范围扩大到全国，共对8699名教师进行了心理状态调查和分析。结果显示，90%参与调查的教师出现职业倦怠，30%的教师处于严重的职业倦怠状态（新浪教育，2005）。从2016年的一项教师调查（2016年度教师生存调查报告，2016）来看，教师职业倦怠的实际情况不容乐观。

据报道，在乡村学校工作的教师正在经历着职业倦怠（中国教育改进报告，2015）。乡村学校教师出现职业倦怠的主要原因有四点。

第一，与父母异地的孩子问题。在乡村，父母为了改善家庭经济状况，把孩子留给爷爷奶奶，到沿海城市打工，孩子在成长的过程中，缺少父母的关心和交流。此外，由于乡村学校几乎都是寄宿制学校（朱霞桃，2006），老师要照顾学生的学习、饮食、活动、睡眠等，每天忙得不可开交。

第二，没有适合乡村学校教师的评价和晋升制度。我国于1986年引入了教师职称制度，并于2013年对其进行了修订，但教师们对发表论文和书籍出版等要求作为进行评估和晋升的条款表示不满。这是因为乡村教师忙于上课、学生辅导、作业检查、课外活动、宿舍检查，没有时间写论文或书籍，更不用说写好发表了。教师工资与教师职称挂钩。然而，经常有教师认为这不公平，因为职称级别之间的工资差距甚至能够翻倍。另外，没有一个明确的量化标准可以根据教师工作的特点来判断一个教师的工作量是多少。已有不少研究表明，学生的成绩并不仅取决于教师，学生的学习成绩与学生的学习动机、班级规模、家长的期望等有关（赵必华，2013；蒲虹，2015；李永梅，2016）。此外，由于各学科的特点不同，体现在学生的考试成绩上也就不能一概而论。换句话说，即使一个学生在两个科目的考试中取得了相同的成绩，也不能判断这两个主管科目的教师的工作量是一样的。因此，仅以学生的成绩评价教师的教学表现，只会使教师的工作热情降低（杨凤英，1997；单东升，2012）。

第三，教师社会地位下降。回顾中国教师职业的历史脉络，教师是一个神圣的职业，有很多常识话语中都表现出教师是必须付出的（樊秋玉，2010；董烈菊，2011；范福利，2018）。根据马莹和赵志纯（2007）以及孙晓青和陈立钢（2015）对乡村教师的就业动机的研究，教师决定成为教师和选择教学的主要原因是想投身于乡村教育的发展以及帮助乡村儿童发展的内在动力。

第四，除了上述问题外，还有一个问题就是学生缺乏学习动力（李永才，2007），而且由于家长不在学生身边，学生的学习相关任务都变成了老师一个人的任务。随着越来越多的教师在长期的工作压力下决定离开，教师流失率也相对较高（常宝宁和吕国光，2006）。为解决这一问题，我国发布了《全国中长期教育改革发展计划（2010—2020年）》和《乡村教育支持计划（2015—2020年）》，这两项计划都特别强调了乡村教育的发展和教师的重要性。

为了打破教师出现职业倦怠、因职业倦怠而选择跳槽、教师流失对教育发展产生不利影响的恶性循环，实现国家追求的教育发展目标，保持稳定的师资队伍，为此，迫切需要对教师职业倦怠这一影响教师离职的最重要原因进行研究。

迄今为止，与教师职业倦怠相关的论文主要可分为四类。

第一，是关于教师职业倦怠的现状的研究论文。根据年级、教师性别、教师教学经历、教师工作地区、教师婚姻状况（刘晓明和邵海燕，2003；张国庆，2007；李成龙，2015）考察教师职业倦怠程度，这些研究属于教师职业倦怠实证调查研究领域。

第二，是揭示与教师职业倦怠相关的影响因素的论文。影响教师职业倦怠的因素可以分为加剧教师职业倦怠的因素和可以减轻教师职业倦怠的因素。工作压力（郑春林，2008）、角色冲突（杨秀玉和孙启林，2004）和角色模糊（李冬梅，2005）可以作为教师职业倦怠的加重因素。

第三，是关于教师职业倦怠量表的开发和信效度检验的论文。教师所处环境因文化背景或学校层次特点而影响教师的职业倦怠程度。因此，有必要针对教师的特点制定职业倦怠量表。与开发教师倦怠量表相关的代表性研究包括金妍玉（2012）、宋美京和杨南美（2015）的研究。

第四，是对教师职业倦怠开展的质性研究。金庆熙（2016）进行了一项叙事研究，重点关注小学教师的倦怠和倦怠后的恢复经验。许南实（2015）对小学教师的职业倦怠和应对过程进行了扎根理论研究，通过研究结果可知，教师职业倦怠是由过度劳累、学生管理、人际关系暴力、学生安全事故和不愉快事件造成的创伤引起的。洪雨林（2015）的论文归纳推导了小学教师职业倦怠经历的职业倦怠典范模式、原因和克服方法，并强调了同辈和前辈教师之间维持友好关系的建议。

回顾以往有关教师职业倦怠的研究发现，现职教师多为女教师，且女教师职业倦怠的发生有其特殊原因（李雪营，2009）。目前女教师正在成为乡村小学的主力军，乡村小学的在职教师中女教师占比逐渐加大（杨燕萍，2011）。此外，乡村小学教师数量减少（陈卫华，2012），专业教师缺乏，乡村教师健康问题（欧学宣，2013），乡村小学难招新教师（左长生，2014）、因健康问题和压力产生职业倦怠而转往更好学校的教师（姚波，2009）、乡村小学教师待遇不佳（赵成林，2015）、教师短缺（朱延巧和史波，2018）、师资短缺和教师职业倦怠（刘云珠，2019）等问题导致乡村教师流动大、师资弱。

根据《中国教育统计年鉴2017》（中国教育统计年鉴编委会，2018），小学现有女教师占教师总数的66.69%（中国教育统计年鉴编委会，2018）。也就是说，在我国小学教师中，一半以上是女教师。女教师是发展基础教育、推进基础义务教育不可或缺的推动力。乡村小学在普及义务教育方面发挥着重要作用。这是因为中国75%的人口在乡村，而乡村基础教育在中国教育体系中占有重要地位（姚波，2009）。这一结论也支持了刘艳（2011）的论点——因为乡村小学教师占比正在逐步向女教师倾斜，女教师对乡村小学教育的帮助很大。

女教师因其个体和社会特征、课堂教学方式、女教师的家庭问题等原因，一直受到社会成员的关注。对女教师的科学研究主要分为五类。第一，对女教师心理和行为特征的研究（王斌，1993；牟艳杰和聂佩瑶，2006；王艳玲，2005）；第二，关于男女教师课堂教学方式偏好差异的研究（王小鑫，2011；张丹，2009；胡洁和阳泽，2018）；第三，女教师专业发展研究（王琦，2011；程欢，2016；赵思，2014）；第四，研究探讨女教师的心理和健康状况，如压力、倦怠、心理和健康问题（何丽君，2012；刘晶晶，2016；李自璋，2013；李默冉，2015；李炳南和李亚南，2007；睢瑞丹，2017）；第五，女教师兼顾工作和家庭的问题研究（徐今雅和蔡晓雨，2012；胡华，2008）。

其中，与女教师职业倦怠相关的研究可以根据女教师的年龄、学科和学校层次进行分类。首先，对以女教师年龄为研究对象的研究进行分析。贺文和王文龙（2018）调查了新疆中小学年轻女教师职业倦怠的现状，并寻求应对方法。孙琳琳（2013）分析了影响中年女教师职业倦怠的因素并提出了解决方案。何勇（2014）对中年女教师职业倦怠进行了研究。马倩（2016）描述了一个中年女教师的职业倦怠故事。大多数以女教师年龄为重要因素的研究都是针对中年女教师进行的。接下来，根据教授的科目，以女教师为研究对象进行了研究。宗小叶（2017）的一项研究调查了中学英语女教师的职业倦怠状况、原因和应对方法。李兰兰（2014）在考察影响中学英语教师职业倦怠的因素后，提出了一种应对方法。梁雪飞（2019）研究了中学英语女教师的职业倦怠。刘卫东和徐万彬（2007）在调查新疆体育女教师职业倦怠的结果中发现，中年女教师职业倦怠程度最为严重。在以往的研究中，按教授的学科探讨女教师职业倦怠的研究多以女英语教师为研究对象。最后，还有一些研究探讨了不同学校级别的女教师的职业倦怠。安翠平（2006）调查了中学女教师的倦怠，并表示担任初中三年级的班主任教师和非班主任教师之间存在显著差异。王停晓（2013）在考察影响中学女教师职业倦怠的因素后，提出了一种解决方案。李小光和唐青才（2014）的一项研究发现，角色压力可以预测中学女教师的职业倦怠。秦胜南（2018）证明哈他瑜伽有助于缓解中学女教师职业倦怠。李雪营（2009）分析了女教师职业倦怠的原因。袁锦芳（2009）证明，小学女教师的职业倦怠可以通过缓解压力或采用积极的应对方法来减轻。杨敏炜、金文洁和吕双悦（2017）确定了小学女教师精神疲惫的原因并提出了解决方案。

回顾以往关于女教师职业倦怠的研究发现，对中学女教师职业倦怠的研究多集中于小学女教师。此外，在有的案例中，中学女教师的职业倦怠研究仅限于女教师的年龄，还有的案例中只研究了女英语教师的职业倦怠。以往的研究大多是为了找出导致女教师职业倦怠的原因，并提出应对的方法。

另外，作为乡村小学女教师职业倦怠的相关研究，李炳南和李亚南（2007）描述了乡村小学女教师职业倦怠的故事，刘晶晶（2016）研究了乡村小学女教师主观幸福感与职业倦怠的关系。

通过对以往研究的分析，发现以中国乡村小学女教师为对象，针对日常生活中容易发生的职业倦怠进行实质性理论发展的研究很少。此外还发现，如果不注意预防或减轻女教师职业倦怠，可能会对学生、教师和学校的发展产生非常大的负面影响（李兰兰，2014）。

扎根理论的优势在于能够深入探究乡村小学女教师的日常生活。此外，通过本研究中的扎根理论，根据时间和空间的因素也可以详细说明并系统地分析乡村小学女教师职业倦怠的背景、环境、人、物，以及女教师职业倦怠经历与周围影响相互作用的过程。

因此，本研究旨在开发实质性理论，运用扎根理论的研究方法选取乡村小学女教师作为研究对象，直接倾听她们的故事，揭示她们的职业倦怠体验。据此，有望提供可用于预防我国乡村小学女教师职业倦怠的第一手资料。

第二章 教师职业倦怠理论与研究回顾

为了研究关于中国中西部乡村小学女教师职业倦怠的实质性理论，本章试图通过梳理中国乡村学校、乡村小学教师和女教师相关的文献及以往研究教师职业倦怠和乡村教师职业倦怠的文献，把握该领域的最新动态和趋势，在展示现有成果的同时厘清脉络，为开发关于中国中西部乡村小学教师职业倦怠的实质性理论提供参考。

第一节 教师职业心理的文献综述

职业心理是指个人在职业活动中所表现出的认知、情感、意志等相对稳定的心理倾向或个性特征。（杨睿娟，2018）。依据林崇德等人于2003年编写并出版的《心理学大辞典》中所示的职业心理学的研究范畴可知，职业心理既包含了个人的职业能力、技能、兴趣等，又包含了职业适应性。

教师职业具备"为党育人、为国育才"的使命性和崇高性。"燃烧自己，照亮别人""春蚕到死丝方尽，蜡炬成灰泪始干"等话语反映了我国社会大众对教师职业所体现出的奉献精神的认知。张桂梅、杨贤生、阿力甫夏等最美乡村教师时刻谨记教师职业的神圣，甘愿奉献自己，扎根乡村，致力于乡村教育的发展。这些都是教师职业的特殊性的最直观体现。

除此之外，社会大众以及学生家长对教师的言行、穿着等都有严格要求。因为学生很容易受教师的言传身教潜移默化的影响。亚莉·霍奇柴德认为，"当个体必须根据社会规则、工作岗位来调整外在行为表达或内在情绪感受时，就是在付出情绪劳动"。所以教师的职业心理与其他职业相比存在其特殊性。根据杨睿娟的研究，教师职业心理包含职业道德、职业认知、职业意

识、职业心理弹性、职业适应性这五个方面。（杨睿娟，2018）

本文以我国乡村小学女教师的职业心理发展为题进行写作，文中所讨论的教师职业心理则根据《心理学大辞典》中的职业心理内容和杨睿娟（2018）在教师职业心理健康理论构建一文中提出的职业心理范畴得出，即职业能力、职业道德、职业认知、职业意识、职业心理弹性和职业适应性这六点。

一、职业能力

职业能力又名职业素养，即个人胜任这份职业的素养和能力。教师的职业素养不仅仅局限于教书育人拥有仁爱之心这两个方面，还应在不断提升自我的社会责任意识时，增强学生的人文素养。如今，第四次产业革命进行得如火如荼，数字化革新也不断地在不同领域展开。教育领域方面，因数字化革新的引入，教学形式、评价方式、教学空间等都发生根本性的变化。在此基础上，我国于 2022 年 11 月 30 日颁布了《教师数字素养》教育行业标准。教师数字素养是指教师适当利用数字技术获取、加工、使用、管理和评价数字信息和资源，发现、分析和解决教育教学问题，优化、创新和变革教育教学活动而具有的意识、能力和责任。

教师职业素养之一：沟通技巧的重要性。教师在教育引导学生时，不仅仅用道理说服对方，还得靠情感连接、将心比心让学生能够真诚地接受教师的教导。各级各类学校需要以理解和关爱为基础，在教师和学生、家长、学校管理者之间做好沟通交流的桥梁的角色，促进教师与学生、家长之间相互尊重，营造全社会全力协作的尊师重教的社会文化氛围和协同育人的校园文化。教师则需要在理解和关怀学生的基础上，充分了解学生及家长的需求，用理解、引导的态度对待学生的学习及生活中遇到的问题，以协作商量的态度和家长及时沟通，以便随时随地掌握学生的动态并与家长一道协助学生认识问题、解决问题。教师在平等对话的基础上与学生沟通，能够使学生在潜移默化中受隐性课程影响获得人生启迪和强大的精神力量。

教师职业素养之二：过硬的专业知识、丰富多样的教育方式或方法。中共中央、国务院于 2018 年颁布的《全面深化新时代教师队伍建设改革的意见》中提出百年大计，教育为本；教育大计，教师为本。教师乃"传道授业解惑"之人。这句话突出体现了教师良好的专业素养的必要性。具备过硬的专业知识，才能将这些知识以学生所能理解的水平讲授给学生。除了本专业的专业知识外，教师还应顺应当下跨学科学习的趋势，多方学习、融会贯通，从而更全面地为学生"传道授业解惑"。如何面对不同的学生在不同的场合恰当地运用合适的教学方式也值得教师思考。因为我们现在所处的社会正向成熟的终身教育社会发展，所以学校教育、社会教育等都在持续发展，学生们接受教育的场所也从线下教室扩展到线上。这就要求教师需要具备教育数字化素养和熟练运用基于教育数字化新开发的教学方法。

教师职业素养之三：具备综合素质、创新能力和终身学习能力。第四次产业革命带来了技术变革和日新月异的社会变化。在这种社会变化之下，法国教育思想家保罗·朗格朗于 1965 年发表了《终身教育引论》，文中提出教师的成长是持续一生的，终身学习能力能够为教师的持续成长保驾护航。教师的每日工作可以大致归纳如下：学校事务、班级管理、备课上课、教研、心理辅导、家长咨询、学生活动等。教师需具备综合素质创新性地解决工作中出现的问题或挑战。

朱建柳（2016）采用 DACUM 任务分析法分析了通过采访高职院校教师得来的研究资料得出了十二类教师职业能力领域和四十九项能力单元。具体的教师职业能力领域与职业能力单元如表 2-1[①] 所示。

表 2-1 教师职业能力领域与职业能力单元

职业能力领域	职业能力单元
职业道德教育	示范职业道德 培养职业道德

[①] 本表引用自朱建柳（2016）的《高职院校专业教师职业能力模型建构及其应用》论文中的附件 1。

续表

职业能力领域	职业能力单元
制定专业人才培养方案	专业调研
	设计、组织工作任务分析会
	确定专业课程体系
	设计专业人才培养方案
课程方案开发与设计	调研课程建设需求
	能开发、设计课程标准
	设计项目教学方案
组织与实施教学	设计教案
	组织课堂教学
	评估教学效果
	反思教学
开发教学资源	开发校本教材
	编写与制作多媒体教学课件
	开发课程资源
服务与管理学生	能进行职业健康与安全教育
	能在教学中管理学生
	能提供职业教导教育
	处理学生突发事件
	指导学生社团
	指导学生参加科技创新项目
学生职业技能指导	校内技能竞赛指导
	校外技能竞赛指导
	校内实训指导
	顶岗实习指导
	学生职业技能考证指导
校内外实训基地建设	设计校内实训基地方案
	运行校内专业实训基地
	组建校外实训基地
	运行校外实训基地
	配置校内外实训基地资源
	建设实训基地文化

续表

职业能力领域	职业能力单元
自我专业成长	提高专业知识和实践能力
	能制定个人职业成长规划
	能参加继续教育活动
	企业实践
	组织、参加教研活动
校企合作与产学研	能进行产业联系
	能构建校企合作网络
	能提供行业服务
	能开展应用型科研研究
	能开展高职教育教学研究
	能科研成果应用于专业建设与教学

虽然朱建柳（2016）得出的教师职业能力领域和职业能力单元是以高职院校的教师为研究对象得出的结果，但其结果还是能在中小学乃至大专院校进行教师职业能力建设时提供参考。比如，职业健康与安全教育这一项。职业健康与安全教育是从幼儿园到大学阶段都要认真贯彻实施的一项教育内容，不管是哪一学段的教师都应具备此职业能力。又比如，运行校外实训基地。现如今，为了提高学生的实践能力，也为了实践学校的社会育人功能，各级各类学校都给学生提供实践机会。特别是大专院校，都开设有实习这一门课程，学生们通过学校选定的校外实训基地完成实习任务，提高自身的实践能力，避免出现"重理论，轻实践"的学习倾向。

二、职业道德

职业道德是指从业人员在职业活动中应当遵循的道德规范（林崇德等，2003）。教师职业道德简称师德，它通过约定俗成的道德规范、职业守则、法律法令条例、入职誓言等形式制定，要求教师恪尽职守，具备远大理想，时刻提高教学理论与实践水平，用心关爱学生，服从秩序和领导，团结协作，以推动教育事业的发展。为满足现今社会对中小学教师的师德要求及专业需求、全面提高中小学教师的师德素质和专业水平，教育部和中国科教文卫体工会全国委员会在 1997 年颁布的《中小学教师职业道德规范》的基础上进行了修订，并于 2008 年 9 月 3 日颁布了《中小学教师职业道德规范（2008 年修订）》（以下简称《规范》）。

《规范》由爱国守法、爱岗敬业、关爱学生、教书育人、为人师表、终身学习这六条组成。《规范》提出了教师要维护学生权益，不讽刺、挖苦、歧视学生；不以分数作为评价学生的唯一标准；自觉抵制有偿家教；树立终身学习理念等内容。❶

（1）爱国守法。这既是教师职业道德规范要求，也是作为我国公民所必须做到的基本要求。热爱自己生长的祖国，热爱和自己一同在这片土地生长的同胞，拥护中国共产党的领导，践行社会主义理念。我国是法治国家、健全的法律及政策方针保障了我国教育实践的方方面面。各级学校及教师应全面贯彻国家教育方针，自觉遵守各种法律法规，不得违背教育方针及法律法规。

（2）爱岗敬业。教师应热爱自己的职业、忠诚于人民的教育事业。教师的专业发展是螺旋上升型的，在教师的任何教龄阶段，教师应志存高远，兢兢业业地做好每一天的工作；随着教龄的增加，更应该做到对工作高度负责。各级各校的教师都应当认真备课上课，用心教导学生。

（3）关爱学生。教师尊重学生作为与自己平等的个体，关心爱护学生，公平公正地处理学生间的问题。教师应保护学生身心安全、网络安全，时刻关心学生身心健康，维护学生的正当权益。

（4）教书育人。教师应践行孔子的"有教无类、因材施教"的教育理念，遵循教育规律，掌握丰富的教育理论、综合实施素质教育。教师在工作中不能存在"重教书轻育人"的倾向，要时刻关注学生的身心发展、培养学生良好品行，培养学生德智体美劳全面发展，尤其不以分数高低作为评价学生的唯一标准。

（5）为人师表。教师不但在品德方面做出表率，学问方面也要做出榜

---

❶ 出自《中小学教师职业道德规范（2008 年修订）》。

样。品德方面：立志高远、高尚情操、言行一致、以身作则；学问方面：严谨求实、励学敦行、团结勤奋、作风正派。因教师职业的特殊性，教师理应衣着得体、举止文明，不能着奇装异服、言行有偏差。

（6）终身学习。这一点要求教师养成富有远见的洞察力和眼光，保持科学求是的态度，树立终身学习理念，拓宽知识摄取领域，及时更新知识结构。老师更应该勤于钻研专业和教法，勇于探索、不断创新，不断提高自身的专业素养和教学水平。

师德师风是指教师职业道德和教师队伍风气。新时代对于师德师风的要求既需要满足传承中华优秀师道传统，又需要适应新时代变化。教育部等七部门于2019年颁布的《关于加强和改进新时代师德师风建设的意见》中明确指出"新时代师德师风建设工作要以习近平新时代中国特色社会主义思想为指导，把立德树人的成效作为检验学校一切工作的根本标准，把师德师风作为评价教师队伍素质的第一标准。"

师德师风建设要依托中华优秀传统文化和以习近平新时代中国特色社会主义思想为指导的社会主义核心价值观为依据。教师在日常教学的全过程融入我国的社会主义核心价值观，并积极挖掘弘扬中华民族的优秀传统文化。继而在言教、身教、境教的不同情况下，教师发挥立德树人的先锋作用，根据不同学段的学生心理发展特性，全方位地实现"立德树人、为国育才、为党育人"的崇高理想。

依据葛大伟（2020）对于师德建设的见解，教师职业道德建设的关键路径有五点，教师职业道德建设与学校党建相结合，教师职业道德建设与法治建设相结合，教师职业道德建设与学校思想政治建设相结合，教师职业道德建设与信息技术相结合，教师职业道德建设与教师评价制度改革相结合。具体措施有坚持党对教师职业道德建设的全面领导，强化党性教育的价值引领作用，党的领导体制建设对教师职业道德制度建设的支撑，强化基层党组织建设对教师职业道德建设的核心作用，教师职业道德建设与法治相结合等（葛大伟，2020）。

三、职业认知

教师职业认知是高校教师在从事这项职业后的认知，是区别于社会印象中的认知（即他人的认知）（黄薇薇，2018）。这里强调的是职业认知是从事本职业的人脱离社会大众对自己所从事职业的特有认知，在自己从事此职业之后自身对于从事职业产生的心理认知和看法。

陈星星（2019）通过研究社会工作者的职业认知得出，职业认知的构成要素包含职业价值观认知，职业技能认知，职业角色认知，职业意义认知，职业地位认知和职业前景认知。郑雪莲（2017）则将焦点放在教师的职业认知上，从而得出教师的职业认知由职业社会认知因素、职业素养认知、职业社会价值认知和职业个人价值认知共四种因素构成。

黄薇薇（2018）将职业认知的类型划分为四种：情感依归型职业认知、经济导向型职业认知、实务型职业认知、特殊功能型职业认知。情感依归型职业认知强调对自己从事职业的热爱对其产生的影响力；经济导向型职业认知强调通过工作获得的经济利益对其产生的影响力；实务型职业认知强调灵活使用自己的职业知识，有目的地获取职业上的进取等；特殊功能型职业认知强调职业所带来的社会地位对其产生的影响力。

教师职业认知的影响因素主要有人口统计学因素、学校因素、人际关系因素、社会认知因素。

山西师范大学的郑雪莲（2017）采用量化研究方法和质性采访相结合的方式，调查了农村特岗教师的职业认知水平。通过分析收集的资料显示，特岗教师的职业认知总体处于较好的水平，职业认知的职业素养认知维度也处于良好的水平，但职业个人价值认知相对于其他两个维度处于较低的水平。职业人格价值认知处于较低的水平，则意味着大多数特岗教师觉得在自己的岗位上无法充分地实现自身价值。特岗教师职业认知不存在显著的性别差异，但在教龄、学校级别和学科与专业是否一致上存在显著差异。由统计结果可知，教龄为0~1年的特岗教师职业个人价值认知显著高于教龄为1~2年的特岗教师；小学特岗教师的职业个人价值认知显著高于中学特岗教师；学科与专业一致的特岗教师职业个人价值认知显著高于不一致的特岗教师。

郑雪莲（2017）认为学校环境是影响特岗教师职业认知的重要因素。从其论文中所得出的结果可知，学校的人际关系、校长的影响以及工作发展条件和学校风气这些学校环境的子因素对教师的职业认知及子维度都有预测作用。

山西师范大学额的郭小兰（2015）采用量化研究方法与质性采访相结合的方式，调查了本校2011级师范生在教育实习前后的教师职业认知情况。通过调查分析结果可知，目前教育实习中影响师范生教师职业认知的因素主要包括：大学带队教师，具体影响因素为大学带队教师的指导次数、指导内容、指导方式、师生相处方式；中学指导教师，具体影响因素为中学指导教师的指导次数、指导内容、指导方式、师生相处方式；师范生实习后的自我反思与总结；高等师范院校所开设的教育类课程、职业规划类课程、教育实践及这些科目的比例安排；实习学校的基础设施条件和实习内容；社会氛围，例如教师福利待遇、教师的社会地位以及周围人对教师的看法。

崔艳丽（2020）采用问卷调查法对北京市中小学502名初任教师的职业认知现状进行调查。调查结果表明，初任教师的职业认知总体比较积极，但对收入的认知偏低；是否担任班主任、教师学历、是否毕业于师范院校对初任教师的职业认知有显著影响。由结果可知，担任班主任的初任教师职业认知更积极，但如果有第二次可以选择的机会，他们选择教师职业的意愿会降低；本科学历的初任教师比硕士及以上学历的初任教师职业认知更积极；毕业于非师范类院校的新任教师表现出更积极的职业行为倾向，即更喜欢教师这一职业。基于此，我们需要针对初任教师的学历、毕业院校及班主任任免等进行综合考虑，以期帮助初任教师更好地认识到教职工作。

陈紫龙和程卫东（2021）对乡村小学教师职业认知现状进行文献调查、问卷调查和访谈调查，乡村小学教师的职业认知总体较好，教师的教龄和工资对教师的职业认知有影响。

综上所述，为了提高教师的职业认知水平，我们应加强教师职业认知的学习与指导、打造尊师重教的社会风气提高从教的幸福感、完善乡村教师职业发展进修通道、提供各项定制型的乡村教师职业培训等建议。

四、职业意识

陈正国（2009）在其文章中批判不应只从劳动者的心理因素、个人的素质和风度、把对职业的认识等同于职业意识，认为职业意识应是"专业人员对职业价值的认识并在此基础上形成的职业习惯、职业学习态度、职业思维模式、职业团队精神、职业敏感度和职业忠诚度"（陈正国，2009）。

职业意识并不是天生的，也不是突然形成的，而是经历了一个由抽象到具象的过程。我们将通过探讨形成职业意识的职业发展理论而厘清职业意识的形成过程。

著名心理学家金兹伯格（Eli Ginzberg）从发展的角度提出了职业意识形成的发展阶段理论（单复，1994）。金兹伯格将职业形式形成阶段分为四个阶段，即幻想阶段、尝试阶段、过渡阶段和现实阶段。这四个阶段分别对应人的小学阶段，中学阶段，中学即将毕业阶段和中学毕业后阶段。小学阶段为职业意识的萌芽期；中学阶段为对社会和自我认识的变化期，这段时期也是个人对职业的评价和认识不稳定期；当青年处于中学即将毕业阶段（18岁开始）时，他将对应现实的职业要求对照检验他的常识性职业选择；中学毕业后，青年职业意识基本形成。

休伯（Super）将人的职业发展按年龄分为五个阶段。按照休伯（Super）的职业发展理论，人从出生到14岁为成长阶段，15~24岁为职业探索阶段，25~44岁为职业确立阶段，45~65为职业维持阶段，65岁以后则为职业衰退阶段。

塔克曼（Tuckman）将人从幼儿园到高三的职业发展分为八个阶段：分别是单一的依赖性阶段（幼儿园到小学一年级），此阶段的特点可总结为听讲与职业有关的小故事和利用家庭里使用的工具形成幼儿的职业意识；自我主张的阶段（小学一~二年级），此阶段的特点可总结为逐渐具备自主性，能够做出简单的选择，能理解简单的职业相关知识和概念；有条件的依赖性阶段（小学二~三年级），此阶段的特点可总结为开始产生自我意识，变成更加独立的人；独立性阶段（小学四年级），此阶段的特点可总结为能具有理论基础探索职业世界，开始关注职业选择；外部支援的阶段（小学五~六年级），此阶段的特点可总结为寻求外部的认可和安定，关注职业兴趣、职业目标、职业条件和职业内容；自我决定的阶段（初一~初二），此阶段的特点可总结为探索职业群，开始具备职业观并从现实的观点进行职业探索；相互关系的阶段（初三~高一），此阶段的特点可总结为同事圈文化，进行职业选择时，重视同学关系；自由性的阶段（高二~高三），此阶段的特点可总结为对自己有确切的认知，在选择职业时，会重点关注是否适合自己等方面，并缩减自己的职业选择方案。

提德曼和欧哈拉（Tiedeman 和 O'Hara）将人的职业发展阶段分为预料阶段和实践阶段。其中，预料阶段又细分为：探索期，即设定职业生涯发展目标和选择方案，预先评价能够达成职业生涯发展目标的能力和条件的时期；具象化期，此阶段的孩子具备了具体的职业生涯发展准备，即价值观、目标、报酬、补偿等；选择期意味着孩子有了明确的意见选择，主要表现为能区分想做的事和不想做的事；明确化期的孩子能慎重地分析自己的决定，与他人讨论并下决定。实践阶段又细分为：顺应期，处于此阶段的孩子的特点有适应新的集团或组织并不断修正自己，具备包容的心态；改革期，处于此阶段的孩子的特点则表现为得到认可后，能坚持自己的意见主张；整合期，即要求孩子能够在集团或组织的要求和自己的要求之间寻求平衡。具体内容如表 2-2 所示。

表 2-2 职业生涯发展理论总结表

作者	职业生涯发展理论阶段
金兹伯格 （Eli Ginzberg）	幻想阶段
	尝试阶段
	过渡阶段
	现实阶段

续表

作者	职业生涯发展理论阶段
休伯（Super）	成长阶段 职业探索阶段 职业确立阶段 职业维持阶段 职业衰退阶段
塔克曼（Tuckman）	单一的依赖性阶段（幼儿园到小学一年级） 自我主张的阶段（小学一、二年级） 有条件的依赖性阶段（小学二、三年级） 独立性阶段（小学三年级） 外部支援的阶段（小学五、六年级） 自我决定的阶段（初一～初二） 相互关系的阶段（初三～高一） 自由性的阶段（高二、高三）
提德曼和欧哈拉 （Tiedeman 和 O'Hara）	预料阶段（探索期，具象化期，选择期，明确化期） 实践阶段（顺应期，改革期，整合期）

Gottfredson 的职业发展理论可以总结为：自我概念和职业形象影响个人的职业偏好，个人的职业偏好和对职业的可得性的认知又影响个人的职业选择方案领域，最终受职业选择方案领域和强化作为未来理想的职业选择得出职业分布。自我概念包括性别角色、社会地位、智能、兴趣、价值，职业形象包括性别角色类型、社会地位高低、职业领域，职业偏好是指对于职业兼容性的认知。对职业的可得性的认知主要体现在机会与入职门槛，职业选择方案领域表示对职业的社会位置的认知，强化作为未来理想的职业选择在操作阶段表现为不断地给个人的职业选择提供正面引导。

综上所述，我们应依据职业生涯发展理论所得出的职业生涯发展阶段的特点，制订相对应的教师职业意识提高策略。

五、职业心理弹性

职业心理弹性又名职业心理韧性、职业复原力。职业心理韧性指个体在职业环境中积极适应、顽强持久、坚忍不拔的职业能力（王东升，2012）。

职业心理韧性的构成因素因学者们的不同见解而有所不同。国外的专家诸如 Wagnild 和 Young（1993）、Reivich 和 Shatté（2002）、Connor 和 Davidson（2003）、Ryan 和 Caltabiano（2009）等，国内则有研究管理者的职业弹性的李霞和研究中心体育教师职业韧性的王东升。

Wagnild 和 Young（1993）经过实证研究得出职业心理韧性由平常心、耐心、自我信任、目标意识和自主心五个次级因素构成。Reivich 和 Shatté（2002）则在论文中指出，职业心理韧性的构成因素包括情绪调节能力、控制冲动的能力、乐观性、分析原因的能力、共感能力、自我效能感和积极挑战。Connor 和 Davidson（2003）通过开发新的心理韧性量表证实心理韧性的构成因素有个人能力、积极性、对负面影响的反省、自我调节能力和灵性。Ryan 和 Caltabiano（2009）开发的心理韧性量表则表明心理韧性由自我效能感、自控力、耐心、家庭和社会的支持以及适应力这五个因素构成。

李霞（2010）认为职业心理韧性由职业主动性、职业愿景、学习能力、成就动机、心理韧性和灵活性共六种因素构成。王东升（2012）以国内外的职业韧性研究发现，为基础开发出的中学体育教师职业韧性量表的构成因素则分别是：职业适应能力、问题解决能力、压力耐受能力、自我提高能力以及职业希望。

权秀贤（2013）将教师职业心理韧性的构成因素分为内部因素和外部保护因素。其中内部因素又分为心理因素、行动因素、认知因素（专业性）、社会性能力因素；外部保护因素包含个人环境因素、关系性环境因素和组织环境因素。具体内容如表 2-3❶ 所示。

表 2-3 教师职业心理韧性的构成因素

内部因素	心理因素	自我效能感、乐观、幽默、灵活性、耐心、恢复能力、适应性、自由性、领导力、积极的自我认知、灵感、独立性、积极的性格、自我认知、自控力、掌控情绪、自我保护、不会因为他人的言行针对自己而产生不快
	行动因素	目标意识、目的意识、计划性、喜欢挑战、感受危险、主导性、改变做事习惯

---

❶ 本表翻译自权秀贤（2013）的博士论文《基于 Rasch 模型的幼儿园教师职业心理韧性量表开发》的第 27-28 页的表格。

续表

内部因素	认知因素（专业性）	提升专业性、奉献、热情、动机、成就感、创意性、解决问题的能力、职业能力、教学技术、自我反省、批判意识、批判性思维、洞察力、道德性、时间管理能力、事前对策、关注孩子及他们的学习情况
	社会性能力因素	形成并维持有益的关系、社交能力、对话和沟通技术获取帮助和建言、为他人提供帮助或建言、和同事形成互帮互助的关系、情商、情境人际交往技能、共感、慈悲心
外部保护因素	个人环境因素	与家人和亲友的关系、成长经历
	关系性环境因素	和学生的关系、和同事的互助关系、和领导的关系、和家长的关系、和行政职员的关系
	组织环境因素	校园文化、归属感、政策和实施、政策性支持、行政性支持

六、职业适应性

陈时见（2006）指出教师的适应性是指"实施教育主体的教师，根据未来社会对人才素质的要求和教育改革发展的趋向，教师适时主动地调整教学模式、培养目标和教育教学方式等，以适应外部条件和客观需要所达到的程度"。由此可见，教师的职业适应性强有利于教师教学工作的展开，有利于深入实践我国的教育方针。

（一）教师适应性的内容或构成

丁宇（2019）认为教师职业适应性的构成要素为：职业认同适应、职业能力适应、职业心理适应、职业人际关系适应、职业环境适应。张群（2022）认为新教师职业适应性由职业认同、职业能力、职业心理适应和职业人际关系四个因素组成。刘志杰和郑碧娟（2021）在调查公费师范生的职业适应性程度时，也采用了张群对于教师职业适应性的构成框架，即职业认同、职业能力、职业心理适应和职业人际关系。

（二）提高教师职业适应性的对策与建议

在探讨如何提高教师职业适应性的对策与建议之前，我们有必要深入了解教师的专业发展阶段的区分和各阶段特点，以便我们可以更好地结合教师专业发展阶段针对性地提出能够提高教师职业适应性的对策与建议。

卢真金（2007）认为，教师专业发展应分为五个阶段：即适应和过渡时期、分化和定型时期、突破和退守时期、成熟与稳重时期、创造与智慧时期。适应和过渡时期要求教师了解职业要求和规范从而尽快适应教职生活；分化和定型时期的特点是较之前对自身有了更高的专业发展要求，而且在理论和实践相结合这方面逐渐形成自己的特点；突破和退守时期的特点是外部压力减缓，教师习惯性地用经验来处理工作中的问题或挑战；成熟与稳定时期的特点是教师具备较高的教学水平和扎实的理论基础，已经可以算得上是本学科领域的专家了；创造与智慧时期的特点是专家型教师开始建立起自己的教育哲学思想和开发新的教学理念。

钟祖容和张莉娜（2012）也采用卢真金的划分标准，同时基于教师调查问卷结果将教师专业发展阶段按教龄分为五个阶段：①初步适应期（入职的第一年）；②适应和熟练期（入职后的第三至五年）；③探索和定位期（入职后的第十年左右）；④教学成熟期（入职后的第十五年左右）；⑤专家期（入职后的第二十年左右）。

提高教师的职业适应性应结合教师专业发展的阶段，提出针对性的对策与建议。在初任教师阶段，需要了解教师们的不足和所需要的针对性的帮助，帮助教师将学习到的理论知识有效地运用到实际教学中；在适应教职后，就应将教师适应性的重点放在教师的职业生涯规划上，并形成自己独有的风格；为了提高处于突破和退守时期的教师们的职业适应性，应多关注教师的心理状态，提供更多样化的教师评价标准；教师到了教学成熟期和专家期的职业发展阶段，应在理论开发与教学实践上总结出自己独有的教学理念。

第二节 我国乡村学校的相关研究

中国的乡村包括乡、民族乡和镇。在乡村，生产活动以农业活动为主，文化、教育、卫生等建设设施较为分散，中国的乡村包括乡村乡镇（何盛明，1990，p.886）。因此，本研究分析的乡村学校是位于中国中西部地区乡村乡镇的学校。

2001年，国务院颁布《国务院关于基础教育改革与发展中的决定》后，开始推进乡村学校的改革。我国政府首先通过整合彼此临近的小型乡村学校建立了大型寄宿制乡村学校，为乡村学校的学生提供的大量的物质资源和教师人力资源。

然而，此次的学校改革进程还是出现了一些问题。例如，学校离家较远时，导致学生上学路和放学路所花费的时间比起之前变长、可能存在安全事故隐患；而且家长、教师和学生也担心在学生宿舍住宿时可能产生的问题，例如，学生突然生病、饮食不习惯、没法快速适应宿舍集体生活等问题。此外，教师必须对学生每一天的学习和生活负责，每天都需要按时查寝以便随时了解学生们的日常生活状态。所以，这将导致教师的工作量增加。而有些家长干脆将学生转到市内的学校。因为上述原因，在乡村学校上学的学生人数逐年减少。

通过查阅以往对中国乡村学校进行研究的文献可知，对乡村学校的研究领域主要集中在乡村学校存在的问题和改进计划上。

周芬芬和王一涛（2016）选取一所乡村学校作为研究对象，总结描述了乡村学校衰落的过程，从国家、社区、学校组织层面深入考察了衰落的原因。根据周芬芬和王一涛（2016）的研究，乡村学校衰落的原因包括学校管理体制的问题、地方政府实施的城乡教育一体化政策以及城市与城市之间教育资源分配不均的问题。

陈艳超（2017）从文化空间和地理空间两个层面对乡村学校的问题进行审视后得出出现这些问题的原因，即乡村学龄儿童数量减少，乡村学校没有做好乡村文化宣传，由于校址调整导致的乡村学校校址与乡村的物理距离进一步拉大。因此，为了解决这个问题，陈艳超（2017）提出要完善国家的乡村学校调整制度，制订留住乡村学校教师的计划。

张千一（2010）和陈卫华（2012）的论文中提出了乡村小学优秀学生外流、教学设施匮乏、教师待遇差等问题，并依据这些指出的问题提出了从国家层面支持和改善教师待遇的建议。

方亮和刘银（2013）发现，乡村小学实施并校后，学生安全问题、教学资源浪费、教师工作负担、乡村家长经济负担、教师素质等方面存在需要解决的问题。针对这些问题，方亮和刘银（2013）提出了加强安全教育、解决交通和用餐问题等改进措施。指出同样问题的陈时兴和成云（2008）也在他们的论文中强调了父母和社会成员支持的必要性。

赵成林（2015）透露，乡村小学存在教学资源和设施匮乏、优秀教师外流、教师待遇低于城市、考试分数导向教育等问题。欧学宣（2013）和左长生（2014）同意赵成林（2015）的见解，但欧学宣（2013）还认为存在教师责任感的问题，左长生（2014）还认为存在教师短缺和教师职业倦怠的问题。

姚波（2009）指出，乡村小学存在教师压力大、工作量过大、非专业学科分配、工资低、工作积极性不高、校级优秀教师外流等严重问题。

朱延巧和史波（2018）提出乡村学校目前面临的问题有乡村出生率下降，因父母外出打工导致学生人数减少，学校教育设施匮乏，教师缺乏攻读学位的机会、师资不足、留守儿童的心理问题等问题，并就这些问题提出了解决问题的办法。

刘云珠（2019）在强调乡村小学的重要性后，探讨了乡村小学生源减少、师资匮乏、管理设施等问题，并提出了保障教育资源、留住师资、投入教育经费、统筹城乡教育的均衡发展等改进建议。

总结以往的研究结果可知，乡村学校特别是乡村小学存在师资短缺、优秀教师外流、工作量过大、教师职业倦怠、生源减少、优秀学生外流、学生安全问题、学生心理问题、教育资源和设施匮乏、经费投入不足等种种问题。

第三节 乡村小学教师的生活考察

在国内知名度较高的知网、万方数据、cqvip 等数据库中搜索乡村小学教师的相关研究并进行分析可知，乡村小学教师的相关研究可分为五大类：第一，是与乡村小学教师专业水平相关的研究。第二，是涉及乡村小学教师评价体系的论文。第三，是乡村小学教师就业问题的相关研究。第四，是乡村小学教师心理研究。第五，是针对乡村小学女教师开展的研究。

第一，研究者将梳理与乡村小学教师专业化相关的研究。李婷婷（2007）发现，乡村小学教师入职后缺乏受教育机会、评价机制存在问题、教师流动和外流制度不完善、没有实施适合乡村实际的课程和试点班等问题阻碍了乡村小学教师的专业发展。张娟妮（2015）分析了乡村寄宿制学校教师专业发展问题，得出乡村学校存在教师专业意识淡薄、专业教师缺乏、非专业教师分管等问题，以及缺乏专注于日常生活的教师，据此提出改善措施。李颖（2009）认为，乡村小学教师专业发展不仅缺乏电子化和书面材料，而且接触优秀教师接受辅导的机会也不足。建议改进措施比如与师范学院的执行力和合作培养。高俊霞（2013）的研究结果支持了李颖（2009）的研究结果。李自天和徐中仁（2011）的一项研究指出，教小学生的教师工作责任感较弱，认为自己目前的专业知识足够教小学生了，因此缺乏提升内在专业素养的意愿。张红霞（2017）通过调查、访谈等多种方法研究，加强校内培训和网络培训等专业发展方式，兼顾教师网络培训、校内培训、在职教师的优缺点认为两者并用是最适合乡村小学教师专业素养提升的方法。张洁（2013）从社会、学校、教师三个维度考察影响乡村小学教师专业发展的因素，提出国家教育资源投入、群体合作、观念转变、终身学习等理念。侯甜（2014）的研究通过考察影响乡村小学教师专业发展的外部环境因素，发现乡村小学教师待遇不佳、绩效工资制实施困难、师资存在问题。职称评价机制、在职教师再培训困难、教师评价方式与主体统一、学校管理僵化、学校文化沉默、校长领导缺失、学校教学资源匮乏等问题，并提出相应措施被提议解决它们。方勤华、吕松涛、杨贞贞和张硕（2019）对乡村小学数学教师进行了一项研究，发现教师专业性缺失严重，并发现教师的看法存在显著差异。黄涛、段海燕和黄燕（2013）对乡村小学英语教师的专业性进行了调查，结果表明92%的教师喜欢学生。王金前（2014）向语言和文学教师推荐优秀教师的阅读、讨论和示范课，以提高他们的专业水平。曾雅茹（2018）建议乡村小学数学教师通过教师社区、对数学知识的理解、数学教学能力以及对数学教育的反思能力来提升他们的专业水平。

前人对上述乡村小学教师专业性的研究结果归纳为以下三点：一是与教师专业性相关的内在因素包括自我责任感和自我意识，外在因素包括教育经费不足、评价体系缺失、学校支持缺失等。二是教师职业发展和成长因特征而异。三是乡村小学教师既要负责主科，也要负责非主科。

第二，对与乡村小学教师评价体系相关的论文进行了综述。杨清超（2018）透露，绩效薪酬评价体系存在评价目的与执行结果差异较大、评价项目不明确、评价主体统一、评价过程烦琐等问题，为改进这一点，需要专业的解决方案，如在建立评价机构方面，提出多维度的评价项目，师生共同参与，实行以绩效为基础的评价体系与教师发展潜力相结合的评价，简化评价过程。张永柱（2013）透露，在乡村小学工作的主要是中老年教师，并制定了多样化的中老年教师评价方式、设置多维度评价目标等措施。刘航（2007）的研究在回顾了乡村中小学教师直接职称评定资格有限、按年龄等级授予评定资格、论文写作文献不足等弊端后，提出了解决方案。建议建立适合教师实际的职称评价体系、赋予乡村教师相对更多的评价资格、教师之间的合作、重视动态评价过程等。李红瑞（2011）对乡村小学一线的体育教师进行评价，主要通过学生在地方体育比赛复赛中的名次、体育比赛名次等进行综合评价。刘云（2016）建立了乡村教师职业素养评价体系，包括人文知识、儿童健康教育胜任力、职业精神等评价项目。综上所述，以往关于乡村小学教师评价体系的研究可分为两种类型：首先，围绕教师职称评价问题进行研究；其次，这些研究在乡村小学教师的评价目标、方法、过程和主体方面提出了问题和改进。

第三，回顾了乡村小学教师工作相关问题的研究。刘厚兵（2006）透露，乡村小学科学教师在工作中面临着科学室设施不足、科学资料匮乏、乡村科学知识匮乏等诸多困难。王运刚（2016）提出，面临乡村小学班主任工作倦怠、留守孩子心理问题、家庭教育缺失等问题，应提供培训交流机会。陈晓微（2010）在针对乡村小学老年教师进行的一项调查研究中指出，不仅乡村小学教师外流现象严重，而且许多老年教师职业素质下降等问题也很突出。王树宏（2015）研究发现，乡村小学英语教师在开展英语课时，存在缺乏专业英语教师、英语教学设施匮乏、缺乏英语实践环境等问题。学校提出了提高英语教师待遇、支持国家政策、实施英语教师培训等措施。王连照和王嘉毅（2006）表示，乡村小学教师在参加培训中遇到问题，如缺乏适合乡村小学一线领域的内容、培训方法的统一、与研究提供者缺乏沟通、缺乏培训期。王春梅（2018）表示，影响乡村小学教师工作的不利因素是教师待遇差、城乡学校之间的动态转岗以及交流机制建立不充分。戴伟峰（2010）表示，乡村老年教师的工作存在缺乏在职培训，无法得到适合乡村学校现场的指导等弊端。何小纪（2007）称，乡村中小学教师招聘制度不适合乡村情况，无章可循，过程不公开，教师外泄。田小禾（2017）说，她在乡村小学担任体育老师时，遇到了体育设施匮乏、缺乏专业体育教师、将体育课当成游戏课的错误认识等问题。总结以上与教师工作相关的研究结果，乡村教师的工作状况主要有：一是英语、科学、体育等课程设施匮乏；二是缺乏适合乡村学校的教材和培训；三是教师调动、外流等学校管理制度的缺失。

第四，考察乡村小学教师心理研究。赵志纯（2007）将乡村中小学教师的工作动机分为外在动机和内在动机。外在动机包括良好的经济待遇和安全的工作特征及情感。内部动机是影响教师工作负荷的重要因素，研究表明教师内部动机越高，工作负荷也越大。赵志纯（2007）的一项研究表明，乡村小学教师在选择教师专业时，最看重的是教师资源和教学及班级质量。谭有模（2009）报告称，乡村小学教师存在工作压力大、厌学、教师职业认同感下降、工作满意度下降、缺乏工作自豪感等心理问题。郭浩（2006）表示，乡村小学教师工作压力大的原因是教师待遇差、工作量大、教改压力大。张建东（2009）透露，乡村小学教师由于社会期望、经济负担、留守儿童问题、工作量过大、"末次辍学"等原因，工作压力较大。刘晨、崔宇晨、李孟哲、张春兰（2019）通过调查显示，教师职业认同意识水平较高，其中工作环境对职业认同的影响最大。肖庆业、陈惠玲和林瑄（2018）将影响乡村小学教师工作满意度的因素分为个人因素、家庭因素、学校因素、工作环境因素和地域因素。主要因素包括如学生人数、负责科目、异地夫妇、职称晋升、学校管理方法、社会压力和地点。刘荣敏和孙小燕（2014）对乡村小学教师的工作满意度进行了调查，77.58%的受访教师对自己的工作不满意，发现是与自我实现、过劳、师生关系，与工作待遇、经理的关系及同事关系有关。李芸（2010）对乡村小学教师的心理契约和工作满意度进行了调查，报告显示教师的工作满意度有所提高。李艳红（2004）发现，乡村小学教师心理健康问题程度总体偏高，身体健康问题尤为严重。通过对教师进行心理培训，相信可以改善教师的心理健康问题。应允盛（2005）的研究结果显示，乡村小学教师身体问题、强迫症、体质问题是由于工作压力、学校氛围、薪资、人际关系问题、与他人比较导致的心理问题以及个人婚姻家庭问题有关。精神疾病高于普通大众，针对这一问题，提出减轻教师负担、提高教师工资、对教师进行心理培训等措施。唐名淑（2008）提出了改善乡村小学教师心理问题的方法，如提高教师积极的心理控制能力、建立完善的学校支持系统、社会支持和理解等。罗琼（2016）对乡村小学教师幸福感水平的调查结果显示，2/3的受访者认为在职教师缺乏幸福感，影响幸福感最严重的因素是工作压力大，他们指出工资下降，工作生活条件恶化是主要原因。夏兰辉（2012）、刘晓明和孙蔚雯（2011a）发现，乡村中小学教师因升学率、工作负担、考试评估、学生成绩问题、学生管理问题、师资不足、缺乏教学设施、管理方式等都没有反映乡村的实际情况。刘晓明和孙蔚雯（2011b）的一项研究发现，由于社会期望高、低工资、学校管理人员的问题、与同龄人的激烈竞争，以及乡村地区的中小学教师承受着社会压力。孙晓明，孙蔚雯（2001b），同时也调查了乡村地区小学教师的工作负担，发现由于课时多、主副科多、孩子管理多等原因，教师工作负担大。王剑兰、甘素文、邱梓茵、黄小玲和张莹（2017）的研究指出，乡村小学教师职业倦怠程度高，社会地位低，理想与现实差距大，工作压力大、工作过度，对工作归属感产生负面影响。

综合分析乡村小学教师心理研究结果发现，乡村教师存在职业倦怠、幸福感低、归属感低、工作不满、工资下降、过劳、婚姻家庭问题等心理问题。

第五，回顾了对乡村小学女教师的研究。

李炳南和李亚南（2007）以经历过职业倦怠的小学女教师为研究对象，通过定性研究分析，发现女教师在学校负责四个科目，角色冲突和工作过度是职业倦怠的原因。李炳南和李亚南（2007）表示，营造和谐的学校环境、建立和完善社会支持系统、培养教师个人的心理控制能力是克服职业倦怠的有效途径。

该部分从教师专业性、评价体系、工作问题、教师心理和女教师五个维度回顾了以往关于中国乡村小学教师生活的研究。中国乡村小学教师缺乏受教育机会、缺乏内在动力、机制问题、统一性等职业素养问题、直接考核机制等评价问题、与父母异地的儿童管理、单亲妈妈或单亲爸爸导致的家庭教育缺失、过度劳累使教师出现健康和心理问题等与工作相关的问题。

第四节 教师心理耗尽的相关研究

一、教师倦怠的概念

1979 年，美国教育协会组织了一次学术会议并首次将教师倦怠作为主题，开始宣传教师倦怠的重要性。时至今日，不同的学者对教师倦怠的概念还没形成共识，并且教师倦怠的测量量表因教师的专业领域、国籍和地区等的不同导致教师倦怠量表概念多样化。因此，我们首先收集并分析国内外不同学者提出的教师倦怠概念。国内外学者提出的教师倦怠定义如表 2-4 所示。

表 2-4 教师倦怠的定义

学者/年度	区分	出处	概念/定义
Cunninghan (1983)	状态	Teacher burnout-solutions for the 1980s: a review of the literature	教师倦怠是教师因受长期压力而产生的症候群，教师倦怠的主要表现有身体消耗、情绪消耗和态度消耗

续表

学者/年度	区分	出处	概念/定义
Bynre B. M.（1991）	状态	The Maslach Burnout Inventory: Validating factorial structure andinvariance across intermediate, secondary, and university educators	教师长时间因工作压力而出现的消极情绪、态度枯竭或行为萎缩状态，这是教师在不能顺利应对工作压力时出现的极端反应
Friedman I. A.（1993）	过程	Burnout in teachers: the concept and its unique core meaning	教师耗尽是情绪上的虚脱，负面的自我评价，对学生的负面态度累积形成的教职员工的负面态度的感情
刘维良（1999）	状态	教师心理卫生	个体无法应对外界超出个人能量和资源的过度要求而产生的身心耗竭状态
胡明洪（2007）	过程	Jing Zhou Area Countryside Middle School Teachers' Occupation Burnout and Psychological Health Research	在以人为服务对象的职业领域中，个体的一种情绪衰竭、人格解体和成效感低的症状
金妍玉（2012）	过程	幼儿园教师的职业倦怠量表开发	所谓倦怠，是指幼儿教师不能有效应对与职务相关的压力，这种情况累积后，表现为身体、情绪、精神上的虚脱状态
宋美京 杨南美（2015）	状态	韩国小学教师的职业倦怠量表开发	所谓倦怠，是指小学教师表现出的身体上、关系上的虚脱状态和对个人能力与热情感到怀疑和不安的状态
郑妍红（2016）	过程	教师的心理倦怠量表开发研究	所谓心理倦怠，是指与职务相关的长期处在压力下，持续感到身心资源枯竭和疲劳的状态，心理能量出现不均衡，最终导致的结果是对自己、与他人关系、职务本身表现出负面行为
李奉柱（2017）	过程	教师倦怠量表（TBS）开发研究	教师的倦怠是教师情绪上、精神上和肉体上的虚脱，从而让人找不到教育的重要性和意义，不再献身于教育

教师倦怠的概念大致可分为以倦怠症状为主的条件性定义和以渐进变化过程为主的过程性定义（赵焕易＆尹善亚，2014）。

一方面，以教师倦怠发生的各种症状来定义教师倦怠的学者有 Bynre （1991）、刘维良（1999）、Bynre（1991）发现教师倦怠包括教师的态度耗竭和行为退缩，而这种耗竭和退缩的原因是压力引起的极端反应。同样，在刘维良（1999）、宋美京、杨南美（2015）和 Cunninghan（1983）的研究中，教师倦怠被解释为身心疲惫和消极反应的状态。

另一方面，Friedman（1993）的研究可以被引用为关注倦怠变化过程的代表性程序定义。从弗里德曼（Friedman，1993）的角度来看，教师消极情绪或态度的累积会导致职业倦怠。李奉柱（2017）、郑妍红（2016）、金妍玉（2012）和胡明洪（2007）在定义教师倦怠时提出了与 Friedman（1993）相同的论点。

本研究通过分析以往研究中提出的教师倦怠概念，推导出本文中使用的教师倦怠概念：教师倦怠是由于教师在工作中长时间无法释放压力，在与他人交往中不被认可，无法实现作为教师的价值而导致的。

二、教师职业倦怠的症状

回顾以往与教师倦怠相关研究的结果，有关教师倦怠症状的分析文献有权正恩（2011），赵孝淑（2011），郦越（2015），洪雨林（2015），许南实（2015），崔慧允（2015），金庆熙（2016），金恩珠（2017），金严智（2018），吴妍熙（2018）和郑由京（2018）所发表的论文。许南实（2015）将教师倦怠的症状分为认知变化、情绪变化、身体变化和处理有难度的工作事务。许南实（2015）从人类机能的各个维度出发对教师倦怠的各个症状进行了分类。与许南实（2015）一样，从人类机能的各个维度出发对教师倦怠的各个症状进行分类的论文有权正恩（2011）、赵孝淑（2011）、洪雨林（2015）、金庆熙（2016）、金恩珠（2017）、金严智（2018）、吴妍熙（2018）和郑由京（2018）发表的论文。然而，崔慧允（2015）借用 Bronfenbrenner 的生态学理论从个人层面、人际关系层面和组织环境层面解释并咨询教师的倦怠表现症状。郦越（2015）也将教师的倦怠表现症状分为个人、人际关系和组织环境三类。

许南实（2015）的研究考察了教师倦怠的认知变化、情绪变化、身体变化和处理工作事务有困难四个方面。主要包括对家长、学生和工作的态度变化，以及对工作身份的认知变化；抑郁、无力、自责、效率低下、焦虑不安等情绪变化；头痛、失眠等身体变化以及处理有难度的工作事务。

以下是学者们对教师倦怠表现症状中出现的认知变化进行的总结。金庆熙（2016）将教师倦怠症状的认知变化总结为拒绝、无助、想放弃、徒劳、焦虑、恐惧、沮丧、绝望、疏远、失去信心和缺乏动力。根据吴妍熙（2018）的研究结果，在认知变化方面出现对教师职业的愤世嫉俗和不确定性，学生、家长和同龄人的怀疑和不信任，对工作的不满，以及工作归属感的下降。郑由京（2018）将教师倦怠症状的认知方面总结为对教师职业的消极态度、教师自尊心下降、对教师职业持怀疑态度、拒绝上班以及难以与学生、家长等人建立并维持关系。赵孝淑（2011）提出了教师倦怠症状在认知方面的变化，诸如绝望、自责、回避、恼怒、不适、禁闭、工作流失、不确定性、自我怀疑和烦恼。金恩珠（2017）在对有倦怠症状的教师进行采访并收集资料分析后表示，认知层面的教师倦怠症状可以归结为三种典型的表现：教师个人所感受到的沮丧和不确定性、对教师专业性和效能下降的担忧、疲劳感和丧失动力。

教师倦怠症状中的情绪变化包括愤怒、孤独感、嗜睡、抑郁和沮丧（金庆熙，2016）。权正恩（2011）将教师倦怠的所有情绪变化表现归纳为三种代表性的情绪组，如负担感（恐惧、闷闷不乐、无助、受限制感等）、挫折感（失去动力、失望、失去自尊、回避等）和愤怒感（愤怒、背叛、仇恨等）。根据吴妍熙（2018）的研究结果，教师倦怠症状体现在心理变化方面包括消极思想、沮丧、自责、焦虑、恐惧、抑郁、疏远、侮辱、羞耻、敏感、恼怒、背叛、怨恨、工作效能低、怨恨、闷闷不乐。赵孝淑（2011）指出教师倦怠的情绪表现包括沮丧、无能、抑郁和愤怒。金恩珠（2017）透露，教师倦怠在情感层面的表现症状包括焦虑、压力、冲突和情绪消耗。金严智（2018）发现教师倦怠的情绪变化包括情绪失控、失去感、愉悦感丧失、愤怒、烦躁和歇斯底里的情绪表达。

教师倦怠的生理变化有美尼尔氏症、头痛、嗜睡、体力消耗和失眠（金庆熙，2016）。教师精疲力竭时还有心脏紧缩、脱发、失眠、慢性腹痛、身体疲惫和饮食失调（金严智，2018）等身体变化。吴妍熙（2018）发现，教师倦怠在身体变化方面包括失眠、无法控制的眼泪、体重变化、酒精依赖、过敏性疾病加剧和免疫力减弱。赵孝淑（2011）在一项研究中指出，教师倦怠的身体症状有疲惫、嗜睡、动力低、效率低等。

洪雨林（2015）指出新入职教师的倦怠模式与其他在职教师的倦怠模式相似，表现为慢性疲劳、抑郁、嗜睡等；同时他在此研究中强调了新入职教师的职业倦怠模式的特殊点为无法准确预测学生的言行、无法及时解决教室里发生的问题等。

根据崔慧允（2015）的研究，大学辅导员的倦怠模式分为个人内部体验、咨询体验和组织体验。个人内部体验为负面情绪、身体症状和疲劳，回避工作以及避免与他人接触；工作咨询中的体验包括注意力不集中、负担感、自责和信心下降；组织中的体验包括对工作的消极态度、焦虑和无助感、对工作的担忧、工作变更和辞职以及拒绝与他人交流。郦越（2015）将热情丧失、对学生冷漠、非人性化、与学生互动减少、抗拒上课、成就感和教师认同感下降以及低估自我等方面归纳为教师倦怠的表现。

总结上述教师倦怠的各个方面的表现，虽然教师倦怠的症状表现模式因研究者而异，但大体上可分为生理变化和心理变化。具体内容如表2-5所示。

表2-5 教师职业倦怠的表现症状

分类	教师倦怠的表现	出处
身体的变化	疲劳感、头痛、失眠、内耳眩晕症、体力枯竭、焦心、脱发、慢性腹痛、摄食障碍、无力气、控制不住地流泪、体重变化、依赖喝酒、过敏加重、免疫力低下等	权正恩（2011），赵孝淑（2011），许南实（2015），洪雨林（2015），崔慧允（2015），郦越（2015），金庆熙（2016），金严智（2018），吴妍熙（2018），郑由京（2018）
心理的变化	烦躁、生气、拒绝、自责、回避、丧失欲望、挫折、郁闷、委屈、埋怨、被背叛、效能感低下、害怕、忧郁、受侮辱、不安、绝望、无能、不便、敏感、恐怖、放弃、丧失愉悦等	

三、教师职业倦怠的因素

学者们根据不同的研究主题、研究方法和研究问题，将影响教师倦怠的因素进行了多种多样的分析。葛春霞（2007）将影响教师倦怠的因素分为五类：教师的人口学背景因素、教师个人的因素、工作相关的因素、学生的因素、教师地位下降和薪资偏低的因素。在王燕林（2014）的研究中，影响教师倦怠的因素被分为教师的人口学背景因素、学校组织因素、社会因素和教师的个人因素。依据赵焕易和尹善儿（2014）的观点，影响教师倦怠的因素分为教师的个体因素和环境因素，同时也包括人口学因素、教师心理因素、工作特征因素和组织特征因素。金安娜（2018）对影响保育教师的职业倦怠因素进行了研究，她将影响教师职业倦怠的因素分为教师的人口统计学因素、心理因素、工作特征因素和组织特征因素。通过回顾并分析以往对教师职业倦怠因素分类的研究，本研究将影响教师职业倦怠的因素分为教师个人背景/人口学因素、教师个体因素、工作因素和环境因素。

首先，分析影响教师倦怠的人口统计学因素。在许多的研究中，学者都使用国际上广泛使用的 MBI 量表来分析男女教师在个人成就感、情感耗竭和非人性化这三个面向的差异（郑红渠，2008；刘漫琳，2008）。据学者们的研究结果可知，男教师比女教师经历更为严重的职业倦怠（毕恩明，2006；郑晓芳和崔酣，2010）。向光富（2005）指出男教师在非人性化方面的程度比女教师严重，女教师在个人成就方面高于男教师（向光富，2005），但也有学者们通过研究得出男女教师在非人化和情感耗竭方面没有存在差异（伍新春、曾玲娟、秦宪刚和郑秋，2003）。根据赵玉芳和毕重增（2003）的研究结果可知，女教师不仅在情感耗竭和非人性化方面比男教师的程度低，而且个人成就感的程度更高于男教师。在董莉萍、朱殊和杜瑞红（2010）的一项研究中，女教师在总体职业倦怠和情感耗竭方面的程度高于男教师，但是孔琳琳（2013）指出对于中学中年老师而言，女教师在情感耗竭方面的程度显著高于男教师。根据王芳和许燕（2004）的研究结果，就职业倦怠程度而言，男教师与女教师之间存在显著差异，即男教师比女教师表现出更大程度地情感枯竭、非人性化和知识枯竭。然而,男女教师在个人成就感方面没有显著差异(王芳和许燕,2004)。宋志斌(2016)表明教师职业倦怠的程度在性别上存在显著差异,男教师在总体职业倦怠和各面向的职业倦怠水平均显著高于女教师。许燕、王芳、张西超、蒋奖和张姝玥(2005)在其论文中也证明了男女教师之间的职业倦怠程度存在显著差异,男教师在情感耗竭和非人性化方面的程度高于女教师,但在个人成就感方面的程度,则是男教师普遍低于女教师。达来(2008)的研究结果证明了蒙古族中学女教师的职业倦怠程度高于男教师。与此相反,蔡永红和朱爱学(2013)的研究发现教师的职业倦怠在性别上不存在显著差异。张英(2010)和秦晓丽(2007)的论文结论也支持蔡永红和朱爱学(2013)的研究结果。张英(2010)的研究结果发现男女小学教师之间的职业倦怠程度没有显著差异。秦晓丽(2007)以职业学校教师为研究对象进行了职业倦怠程度的调查研究,其结果表明职业学校的男女教师在职业倦怠的程度上并没有显著差异。

孔琳琳(2013)在其研究中发现,班主任和非班主任之间在情感耗竭、非人性化、个人成就感三个面向没有显著差异。在赵玉芳和毕重增(2003)的论文中可知,班主任教师在情感耗竭和非人性化方面的得分高于非班主任教。董莉萍、朱殊和杜瑞红(2010)指出班主任比非班主任有更严重的工作疲劳感。达来(2008)在其的一项研究中指出蒙古族中学班主任教师和非班主任教师在整体教师职业倦怠和情感耗竭这两方面存在显著差异。有些研究的报告表明,班主任教师比非班主任教师更容易经历严重的职业倦怠(王荩桐,2007),然而又有研究表明,班主任教师和非班主任教师之间在职业倦怠的程度上没有差异(史云静,2006)。虽然付崇明(2006),雷万胜、张志明和姜莉(2006)的研究证明了班主任教师的倦怠程度高于非班主任教师,但毕恩明(2006)、葛丽(2010)研究的结果与付崇明(2006)和雷万胜、张志明和姜莉(2006)的研究结果相互矛盾,即班主任和非班主任之间的职业倦怠程度没有显著差异。

根据宋志斌(2016)的研究结果显示,不同教龄的教师之间的职业倦怠程度存在显著差异。不同教龄的教师在整体职业倦怠、成就感下降、非人性化等方面表现出显著差异，教龄为 1~5 年的教师的职业倦怠程度最高，教龄为 15~20 年的教师与教龄为 1~5 年的教师的职业倦怠程度相似（宋志彬，2016）。根据蔡永红和朱爱学（2013）的研究结果可知，教师的职业倦怠程度在教龄上不存在显著差异。在赵玉芳和毕重增（2003）的研究中教龄为 6~10 年的教师的职业倦怠程度最高。根据董莉萍，朱殊和杜瑞红（2010）的研究结果可知，11~20 年教龄的教师在整体职业倦怠和情感耗竭、个人成就感和非人性化方面都表现出最严重的教师倦怠现象，而具有 0~5 年教龄的教师则刚好相反。王芳和许燕（2004）发现，具有 11~20 年教龄的教师在情感耗竭和个人成就感方面的倦怠程度最严重，与其他教龄段的教师存在着显著差异。达来（2008）对在少数民族中学工作的蒙古族教师进行了研究，发现蒙古族中学教师的倦怠程度根据教师的教龄不同而存在着显著差异，其中教学经验在 15~20 年的教师表现出最高的倦怠水平。秦晓丽（2007）发现，不同教龄段的教师在职业倦怠的程度上存在显著差异，其中拥有 6~10 年教龄和 16~20 年教龄的教师的职业倦怠程度最为严重。教师的职业倦怠程度根据教龄存在显著差异，并且有许多论文也揭示了教师的职业倦怠的程度根据不同的教龄段也多有不同。向光富（2005）的研究结果显示，拥有 6~10 年教龄的教师表现出最严重的情感耗竭，而拥有 20 年以上教学经验的教师则表现出最低的情感耗竭水平。与此同时，伍新春（2003）、史云静（2006）和吕邹沁（2015）的研究结果也证实了向光富（2005）的研究结果。葛丽（2010）和高岚（2006）论文中的研究结果显示，拥有 16~20 年教龄的教师的职业倦怠程度最高；葛丽（2010）提出教龄为 6~10 年的教师的职业倦怠水平与拥有 16~20 年教龄的教师的职业倦怠水平一样高。郑晓芳和崔酣（2010）在其研究中发现具有 5~14 年教龄的教师们的职业倦怠程度最严重；付崇明（2006）的研究结果显示，教龄为 6~15 年的教师们的职业倦怠程度最高；雷万胜、张志明和姜莉（2006）的研究结果证明教龄为 16 年以上的教师的职业倦怠程度最高。由此可见，因为每位学者对教龄的划分标准不同，所以很难按照教龄对教师的职业倦怠水平做出一致的比较（李英满，2013）。

在王芳和许燕（2004）的研究中，认为小学教师和中学教师在整体的职业倦怠和情感耗竭、非人性化以及个人成就感方面均无显著差异。

教师个人因素是指能够反映教师心理状态和健康状况的因素。在以往的研究中出现的影响教师心理状态的因素包含教师效能感（徐善顺，2007；刘晓明，2004；孟勇，2008；于红丽，2005；崔慧允，2015）、社会支持（韩光贤，2008）、工作压力（唐芳贵和彭艳，2007；李专，2010；崔慧允，2015）、教师的性格（朱姝和信红，2010；李专，2010；崔慧允，2015）、教师的情绪特点与教师健康状态（金恩珠，2017）、角色冲突与角色模糊（吴晓清，2011；李专，2010；金严智，2018）、对教职的信念缺失（吴晓清，2011）、缺乏个人成就感（李专，2010；Huston，1989）、对自己的期望过高（马林芳和王贵林，2007；崔慧允，2015）、寻求认可的过程中遭遇挫折（崔慧允，2015）、不表露心事（金庆熙，2016）和情感劳动（金严智，2018）。

根据班杜拉的社会学习理论，教师效能感可以解释为教师相信自己可以对学生的学习产生积极影响，并相信自己在学校工作的能力。徐善顺（2007）表示，小学教师的教师效能感与职业倦怠呈现出较高的负相关关系，教师效能感高时职业倦怠程度降低。刘晓明（2004）、孟勇（2008）和于红丽（2005）的研究结果支持了徐善顺（2007）的研究结果。在李昕光（2015）的一项研究中证明了教师效能感在教师倦怠和社会支持之间发挥着中介作用。

由于社会支持强调情感同理心（韩光贤，2008），因此社会支持可被视为教师倦怠的个人因素。在研究中证实了对教师职业倦怠影响最大的因素是社会支持。在人际关系和社会方面，考虑到管理者的支持（Lee 和 Ashfoth，1996）和教育环境（刘正易，2002）等因素，教师倦怠的研究层面变得更加丰富。徐智英和金熙正（2011）在其论文中验证了社会支持的调节作用。即使教师的压力很大，但是其社会支持水平很高的话，他们所经历的教师倦怠程度就会相对较低或避免经历职业倦怠。

唐芳贵和彭艳（2007）证明了工作压力与教师职业倦怠呈正相关关系。换言之，教师所承受的工作压力越大，教师倦怠感就越强。角色冲突、学生因素、工作发展压力、中小学教师职业倦怠与社会支持呈显著负相关。也就是说，社会支持程度越高，教师倦怠程度越低。

由于教师所从事的教学职业的特点及其在工作中所经历的教学职业的特殊性，工作因素是影响教师职业倦怠感的特殊因素。环境变量是指物理环境变量，包括学校环境和社会人文环境，以及同事、社会成员、学校管理者、家长和学生等工作主体之间人际关系和相互作用影响的一些关系中的因素。

根据吴晓清（2011）对教师职业倦怠和社会变量的检验结果，小学教师中，年长教师占全校教师的大多数，教师队伍稳定性的问题、教师的工作任务繁重、教师的付出与回报不成正比、长时间工作、乡村教师对学生的安全管理事务、没时间及时学习新的教学知识、代课老师较多等因素进一步加剧乡村教师的职业倦怠程度。

吴晓清（2011）提到人际关系问题和过时的管理方法是影响教师职业倦怠的环境因素，李专（2010）指出的影响教师职业倦怠程度的社会因素是教职人员的经济地位低、因小学生的教学内容相对容易导致社会成员对小学教师专业性的认可度不太高、社会成员对教师的过高期望，不太友善的教育环境、不合理的评价体系、复杂的人际关系等方面。

马林芳和王贵林（2007）提出的影响教师职业倦怠的环境因素包括社会成员对教师角色的期望、学生问题、以高考为中心的教育与素质教育之间的冲突；其指出的工作因素包含工作量大和角色冲突。

本文总结了在韩国教师职业倦怠研究中影响教师职业倦怠的工作因素和环境因素的相关研究结果。工作因素包含处理工作和工作量等工作相关的问题（权正恩，2011；洪雨林，2015；崔慧允，2015；金庆熙，2016；金恩珠，2017；金严智，2018；金安娜，2018；吴妍熙，2018）。环境因素是指工作中的人际关系、学校氛围、学校的自然环境和人文环境、社会文化环境变化等（权正恩，2011；赵孝淑，2011；洪雨林，2015；许南实，2015；崔慧允，2015；金庆熙，2016；金恩珠，2017；金安娜，2018；金严智，2018；吴妍熙，2018）。

权正恩（2011）、赵孝淑（2011）、许南实（2015）、洪雨林（2015）、金庆熙（2016）、金严智（2018）和吴妍熙（2018）是以小学教师为研究对象对影响其职业倦怠程度的相关工作因素和环境因素进行了研究。其中，权正恩（2011）研究了小学六年级班主任教师的倦怠经历，洪雨林（2015）研究了小学的入职初期教师的倦怠经历。

许南实（2015）综合总结了加剧教师职业倦怠的工作因素，其中包括工作量大、不听管教的学生、学生的不友好言论、家长的不合作或不友好言行、与学校管理人员之间的关系不和睦、因工作遭遇而产生的心理阴影；学校和社会环境因素主要包括以下五点，如教学环境的变化、学校规模小、人均工作量大、学校氛围过于强调个人化，社会偏见等。在金严智（2018）的研究中，属于工作因素的包括因工作引起的倦怠、难以解决的班级问题、工作量大、工作任务模糊、工作分配不公平、因工作而导致的组织内部冲突；环境因素包括校园暴力、欺凌以及指导有情绪和行为有问题的学生。在吴妍熙（2018）的一项研究中，她指出工作量过多、工作分配不公平、同事在处理工作时的不合作态度、处理工作中出现的困难和工作的不合理性被认为是影响教师倦怠的工作因素。此外，根据吴妍熙（2018）的研究结果，影响教师职业倦怠的环境因素包括管理者的非理性言行、同事不友善的言行、以竞争为导向的学校氛围等不民主的学校文化、角色冲突、与学生和家长的冲突，遭遇家长和学生的不合理的要求、家长与学生的不友善言行。赵孝淑（2011）提出，影响教师倦怠的环境因素是与学生、同事、学校管理者等的人际关系，以及官僚体制。

此外，根据对入职初期的小学教师的职业倦怠进行研究的洪雨林（2015）的说法，加剧入职初期的小学教师倦怠程度的工作因素是过度集中开展的工作；环境因素包括与学生和其他教师之间的冲突以及保守的学校氛围。权正恩（2011）研究了减轻或克服小学六年级班主任教师职业倦怠症状的工作因素，分别为学科指导、生活指导、班级管理和学校班级工作，她还将人际关系作为环境因素来看待。

金恩珠（2017）的一项研究采用访谈法研究小学、初中和高中教师的职业倦怠。金恩珠（2017）通过对小学、初中和高中教师分别进行访谈后得出的结果发现，能够对教师职业倦怠产生负面影响的工作因素是难以指导的学生、家长对教师的不合理期望、家长对学校的负面认知、管理人员的管理风格、不合作的同伴关系、工作量大和对工作处理的不合理要求、教龄短的教师的工作量大、班主任的过度责任或心理负担。金恩珠（2017）提出的环境因素包括不敢拒绝的教职文化、学校教师权威保护机制的缺失、对教师角色的刻板要求以及对教职的权威性认知的变化。

崔慧允（2015）系统地研究了大学心理辅导教师的职业倦怠问题。她以大学心理辅导教师为研究对象，考察了影响他们职业倦怠的工作因素。包含缺乏工作经验、工作量过大、对心理辅导教师充满敌意的被咨询者，商谈初期就退出的被咨询者，工作之外的各式各样的任务，必须独自承担所有任务，不被承认工作的特殊性和专业性，症状很严重的被咨询者等。此外，从崔慧允（2015）的研究结果来看，大学心理辅导教师的工作生活和私人生活不能分开，与负责人和同事的关系有矛盾，对于指导学生产生的心理负担，容易接手其他部门的任务，负责人的不适当工作指令，卷入教授之间的冲突、通勤距离长等环境因素都会对大学心理辅导教师的职业倦怠产生影响。

金庆熙（2016）和金安娜（2018）对幼儿园教师/保育员的职业倦怠经历进行了研究。从金安娜（2018）对幼儿园教师职业倦怠研究的结果来看，加重教师职业倦怠程度的工作因素是工资低、不断地操心学生的一切、无法缓解压力、工作繁重、考评认证体系没有反映出现实需求、情绪劳动过重、因工作产生的委屈。金庆熙（2016）总结的影响幼儿园教师职业倦怠的工作因素包括害怕被落单、学校工作量大、全校活动以及因自己的能力有限无法帮助学生时的无助感。此外，金庆熙（2016）在其研究中提出的影响幼儿园教师职业倦怠的环境因素是学校的繁重工作量、似乎排斥自己的班级氛围、对自己有负面看法的同辈老师、同班老师对自己遇到困难时的冷漠态度、自己班级里偏偏发生很多不良事件导致学生缺课；社会家庭因素包括作为周末夫妇不得不独自照顾孩子时遭遇困难、丈夫无法理解她们的处境，和在家庭中感受到的疏离感。纵观金安娜（2018）对幼儿园教师职业倦怠的研究可知，影响教师职业倦怠的环境因素有恶劣的学校环境条件、他人的偏见、与其他老师的关系不和谐、与管理者的关系不和睦、与家长的关系不协调、共享空间带来的问题、平衡工作和家庭两方的困难、工作环境的差异；能够帮助教师从倦怠中恢复到正常生活的因素包括愉快的下班时间、积极的心态、随时间而产生的个人变化、努力适应教师的角色、对学校产生自豪感，缓解压力所做出的努力、教师的福利、家庭般的工作氛围、获得其他老师的支持或帮助、获得校长的支持或帮助、获得家长的支持或帮助。

综上所述，影响教师倦怠的工作因素主要有工作量过大、工作分配不均、不合作处理工作、任务模糊、任务处理困难等；环境因素有不协作的学校工作氛围、与家长、学生和学校管理人员的冲突，保守或非民主的学校氛围，以及变化的社会环境和社会共识。

影响美国教师倦怠的因素可以在 Huston（1989）和 Jacobson（2016）的研究中找到相关证明。Huston（1989）发现学生冷漠、教育惩戒问题、过于关注自我、只参与最感兴趣的领域、缺乏领导力和不恰当的管理、班级规模、批改作业、工作不安定会对教师倦怠的情况产生影响。Jacobson（2016）揭示了缺乏支持、国家和地区赋予的权力问题、工作量大、学生惩戒问题以及被同事排挤会对教师的职业倦怠产生影响。

总而言之，对教师性别、学校级别、班主任教师身份和教龄等个人的背景因素的研究显示出相互矛盾的结果并不少见；个人变量，如教师效能感、社会支持、工作压力、教师的个性、情绪特征和健康问题、角色冲突和角色模糊、对教师职业缺乏信心、缺乏个人成就、对教职期望过高、被认可的需求、遭受挫败感等对教师的职业倦怠产生影响。此外，工作因素，如过度劳累、因缺乏教师而负责非自己的专业科目、工作任务模糊、工作任务分配不公平、不合理的高期望、社会地位低、家长的不合作与不友善、成就导向和竞争激烈的学校氛围、评估和认证机制的问题等环境因素以及不反映现实的幼儿园教学问题都会影响教师的职业倦怠程度。

四、应对教师倦怠的方式

经历过或正在经历倦怠的教师为克服倦怠而采取的应对方法因研究者的

研究对象不同而不尽相同，但这些应对方式大致可以分为被动应对方式和主动应对方式（赵孝淑，2011；权正恩，2011；金恩珠，2017）。

金恩珠（2017）采访了小学、初中和高中的教师，将采访资料中出现的教师倦怠应对方式归纳为被动应对方式和主动应对方式这两种教师倦怠应对方式。根据金恩珠（2017）的研究结果可知，被动应对方法包括情绪反应、退缩行为、等待假期、避免面对面接触等回避策略，而主动应对方法包括与师生建立积极的关系、自我反省和努力恢复正常的生活状态等。赵孝淑（2011）和权正恩（2011）采取与金恩珠（2017）一样的分类标准，将教师倦怠应对方式分为被动应对方式和主动应对方式，并对教师们所使用的应对方式进行了深入的分析。赵孝淑（2011）在其论文中记录了5名小学教师的倦怠经历并按照质性研究的分析步骤得出教师在应对教师倦怠时所采用的具体的应对方式。根据赵孝淑（2011）的论文分析结果可知，其中一些教师采取了接受他人的安慰和情感支持、与造成倦怠的目标人直接交谈等积极的应对教师倦怠的方式；但是在某些情况下，教师们也选择了等待放假、购物或转岗转校等被动应对方式。权正恩（2011）通过对6名小学6年级的班主任的倦怠经历进行叙述性研究，得出这6名班主任在应对教师倦怠时，采取的方式有接受周围人的建议、安慰和鼓励，与他人保持距离，保持体育锻炼，等待周末或假期等休息时间。

崔慧允（2015）通过对在大学咨询中心工作的14名辅导员的倦怠经历进行研究，发现帮助大学咨询中心辅导员从倦怠中恢复的因素包括内部因素、组织因素和社会支持因素。具体来说，内在因素包括敞开心扉、加强从事本专业的动力和意愿、对自己和处境的重新评估、平衡工作与生活的闲暇时间、自我探索和感悟的过程、释怀和控制负面情绪、接受自己的本来面目、对倦怠情况的积极看法和逃避的意愿、重新定义作为辅导员的意义、冥想、找到作为专业人士的成就等；组织和社会因素包括教职员工和辅导员同事的理解和支持、工作变动和工作环境的变化、大学咨询中心工作的减少、假期的空闲时间、大学和咨询中心组织层面的理解和支持、避免困难客户的咨询服务、同行和个人分析师对本人的鼓励和支持，以及与熟人的交流和帮助（崔慧允, 2015)。

许南实（2015）、洪雨林（2015）、金庆熙（2016）、吴妍熙（2018）和金严智（2018）以小学教师为研究对象研究了小学教师常用的克服倦怠的应对方法。

许南实（2015）以12名小学教师为研究对象进行了访谈，揭示了小学教师的倦怠应对过程。通过分析访谈收集的数据可知，小学教师应对倦怠的主要方式可以总结为解决问题、提高专业水平、适应工作生活、使用社会资源解决情绪或实际问题（许南实，2015）。许南实（2015）提出的具体的应对方式包括学历提升、阅读书籍、培训研修、乐观思想、休息、年假、他人的支持和安慰、心理疏导和咨询等。

洪雨林（2015）采访了10名在小学工作的新入职教师，并采用质性扎根理论的方法分析了收集到的研究数据。洪雨林（2015）将小学新入职教师应对倦怠的方式总结为从同事或阅历丰富的老师处获得帮助、从过分投入的工作适当抽离、反思等。在金庆熙（2016）的研究中，研究者通过分析所收集的三位小学教师的访谈材料得出，在工作和班级任务分配方面校方的照顾、与工作对象会面交流、学生来信、观察其他老师在班级管理中如何与学生建立互信关系等应对方式。吴妍熙（2018）将10名小学教师作为研究对象进行了访谈，并根据扎根理论分析步骤分析了所获得的研究数据，所得出的具体结果如下：乐观的想法、从同事处获得帮助、从家人（爱人）处获得支持、有自己的爱好、休息、长期培训或提升学历、说出自身需求、请求他人帮助、获得咨询或心理疏导、尝试改变自己的环境、向他人咨询改变班级管理和咨询技巧等。

金严智（2018）通过对五名小学教师的倦怠经历进行质性研究而探讨了减轻教师倦怠程度的可行方式，其方式可总结为以下三大领域，即学校组织层面、人际关系层面和工作事务层面。学校组织层面倡导管理者熟悉并遵守一致性的行政程序，以及管理者需要在组织内公平分配工作。人际关系层面，金严智（2018）建议教师可通过多关注因工作事务而疏远的学生，以及基于信任与同事建立互信关系等方式减轻倦怠程度。就教师的工作而言，金严智

（2018）认为，有必要确立教师的责任和作用，明确界限和制定不脱离现实的教育目标。

郑由京（2018）通过对在小学、初中和高中工作的 12 名教师的访谈收集所需的研究资料，采用共识质化研究方式（Consensual Qualitative Research，CQR）进行分析。根据郑由京（2018）所得出的结果可总结为主动积极应对问题、从他人处获得支持和助力、个人内在的积极变化等方面。

总结上述对教师倦怠应对方法的调查研究结果可知，既有根据不同研究者的见解和观点对教师倦怠的应对方法进行分类和分析的研究（赵孝淑，2011；权正恩，2011；金恩珠，2017），也有根据已有的生态维度研究进行分类和分析的研究（崔慧允，2015；金严智，2018）。应对教师倦怠的方法可概括为观念转变、他人帮助、资源利用、专业水平提升、学校组织和运作的改善。

五、教师倦怠过程

揭示教师倦怠过程的研究有许南实（2015）、权正恩（2011）、赵孝淑（2011）和吴妍熙（2018）的研究。

首先，许南实（2015）研究了小学教师的倦怠。如图 2-1 的内容所示，教师在学校和社会等人文和物理环境中受到文化影响的同时，会因工作过度而产生倦怠和人际关系问题。教师因产生倦怠而难以开展工作，并且其情绪和身体层面出现负面的变化。为了减轻倦怠程度，教师们使用不同的应对策略来克服倦怠。根据教师本身的个性特征，他们也会采取不同的策略。虽然有一些个人因素会加剧职业倦怠（许南实，2015），但也有一些个人因素可以帮助教师从职业倦怠中恢复过来（许南实，2015）。所以参与本研究的小学教师中，既有保持倦怠状态的教师，也有从倦怠状态中恢复的教师。

权正恩（2011）的论文则揭示了六年级班主任教师们的倦怠经历过程。具体的倦怠过程如图 2-2 所示。对于六年级的班主任来说，如果他们不能解决学科知识指导方面、生活指导方面、班级管理方面、学校班级工作和人际关系方面的冲突或问题的话，教师就会不断地累积负面情绪（权正恩，

2011)。经历职业倦怠的老师们不仅遭受了情感上的冲突,还遭受了身体上的不适问题,因无法摆脱所在的处境,最终发展成了职业倦怠。倦怠的教师们因持续性的消极的想法,从而对他们的生活产生了负面影响(权正恩,2011)。一些教师使用应对策略成功地从倦怠中恢复过来,但其他教师仍然还处于倦怠的状态。

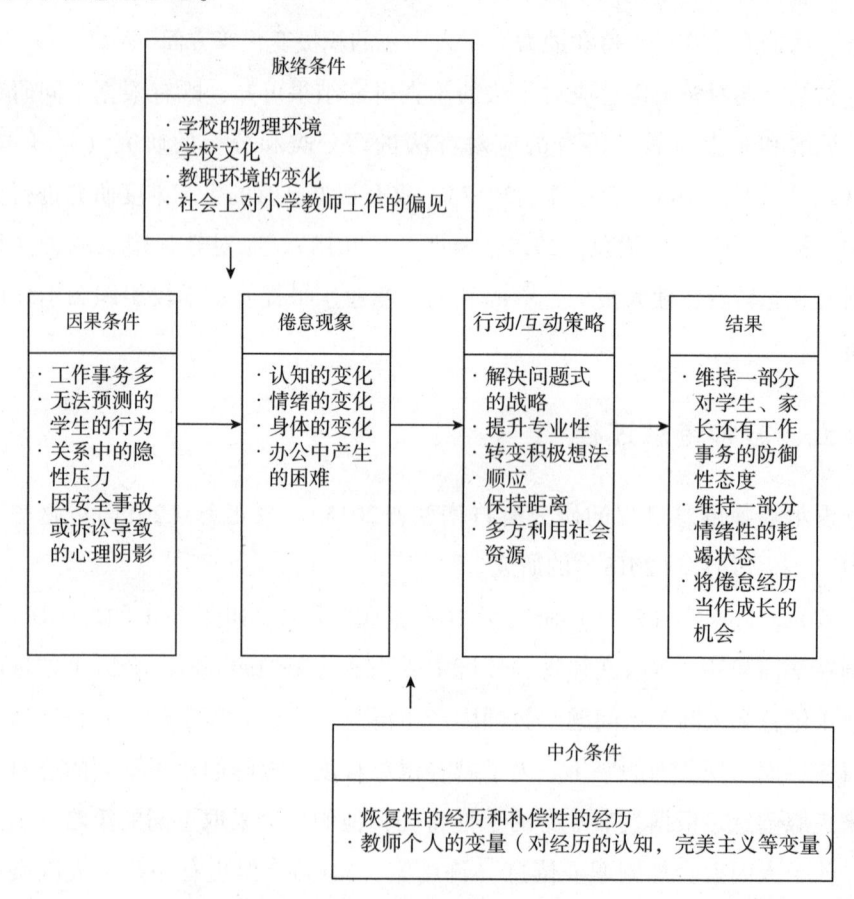

```
                    ┌─────────────────┐
                    │   脉络条件       │
                    ├─────────────────┤
                    │·学校的物理环境   │
                    │·学校文化         │
                    │·教职环境的变化   │
                    │·社会上对小学教师 │
                    │ 工作的偏见       │
                    └────────┬────────┘
                             ↓
┌─────────┐    ┌─────────┐    ┌──────────┐    ┌─────────┐
│ 因果条件│    │ 倦怠现象│    │行动/互动策略│  │  结果   │
├─────────┤    ├─────────┤    ├──────────┤    ├─────────┤
│·工作事务多│→ │·认知的变化│→ │·解决问题式│→ │·维持一部分│
│·无法预测的│   │·情绪的变化│   │ 的战略    │   │ 对学生、家│
│ 学生的行为│   │·身体的变化│   │·提升专业性│   │ 长还有工作│
│·关系中的隐│   │·办公中产生│   │·转变积极想│   │ 事务的防御│
│ 性压力    │   │ 的困难    │   │ 法        │   │ 性态度    │
│·因安全事故│   │           │   │·顺应      │   │·维持一部分│
│ 或诉讼导致│   │           │   │·保持距离  │   │ 情绪性的耗│
│ 的心理阴影│   │           │   │·多方利用社│   │ 竭状态    │
│           │   │           │   │ 会资源    │   │·将倦怠经历│
│           │   │           │   │           │   │ 当作成长的│
│           │   │           │   │           │   │ 机会      │
└───────────┘   └───────────┘   └───────────┘   └───────────┘
                             ↑
                    ┌─────────────────┐
                    │   中介条件       │
                    ├─────────────────┤
                    │·恢复性的经历和补偿性的经历    │
                    │·教师个人的变量(对经历的认知,│
                    │ 完美主义等变量)              │
                    └─────────────────┘
```

图 2-1 小学教师倦怠及应对过程模型[1]

---

[1] 出处:基于扎根理论的小学教师倦怠及应对过程研究(许南实,2015)。

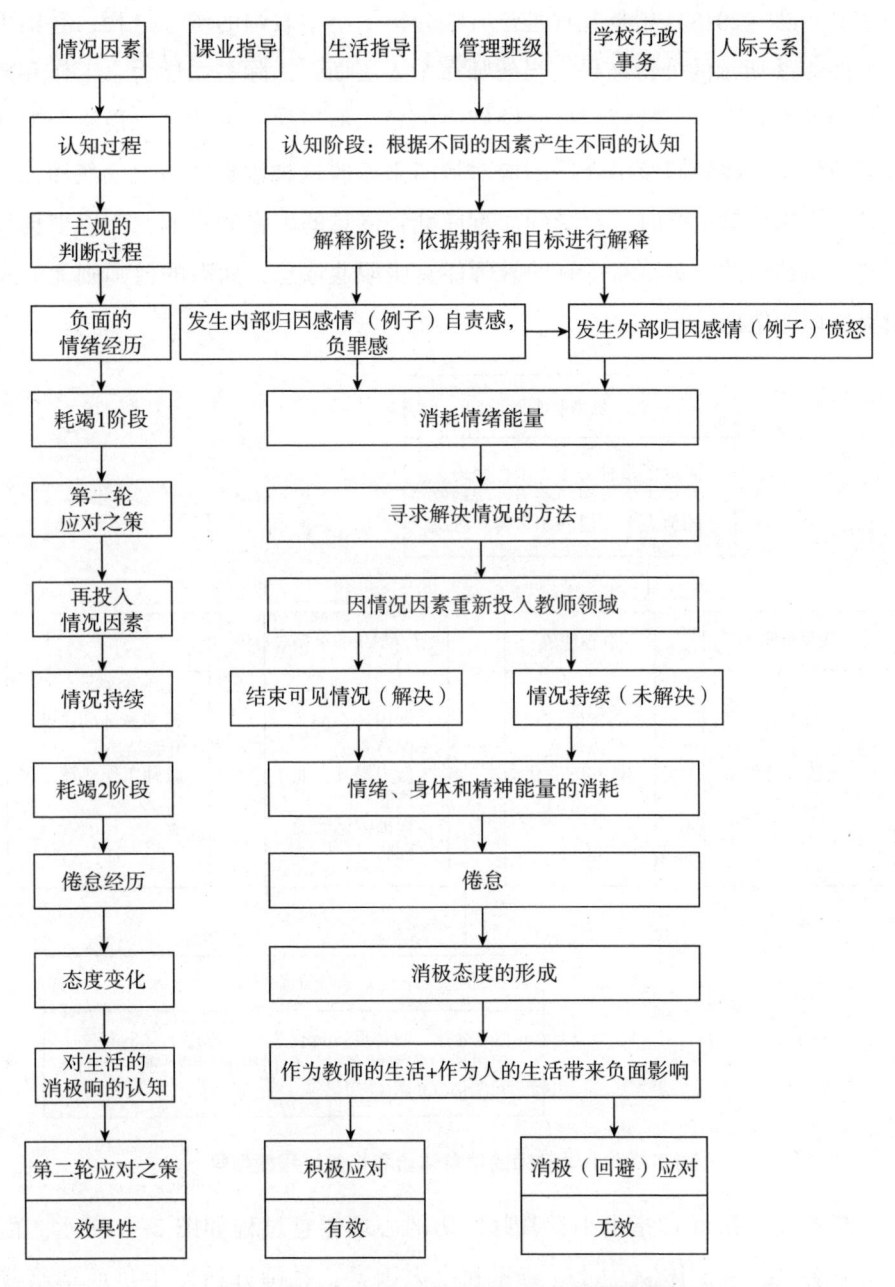

第二章 教师职业倦怠理论与研究回顾

```
情况因素 → 课业指导  生活指导  管理班级  学校行政事务  人际关系

认知过程 → 认知阶段：根据不同的因素产生不同的认知
    ↓
主观的判断过程 → 解释阶段：依据期待和目标进行解释
    ↓
负面的情绪经历 → 发生内部归因感情（例子）自责感，负罪感 / 发生外部归因感情（例子）愤怒
    ↓
耗竭1阶段 → 消耗情绪能量
    ↓
第一轮应对之策 → 寻求解决情况的方法
    ↓
再投入情况因素 → 因情况因素重新投入教师领域
    ↓
情况持续 → 结束可见情况（解决） / 情况持续（未解决）
    ↓
耗竭2阶段 → 情绪、身体和精神能量的消耗
    ↓
倦怠经历 → 倦怠
    ↓
态度变化 → 消极态度的形成
    ↓
对生活的消极响的认知 → 作为教师的生活+作为人的生活带来负面影响
    ↓
第二轮应对之策 / 效果性 → 积极应对 / 有效 ；消极（回避）应对 / 无效
```

图 2-2 六年级班主任倦怠经历的心理过程❶

---

❶ 出处：小学六年级班主任教师的倦怠经历个人记叙志研究（权正恩，2011）。

吴妍熙（2018）根据扎根理论方法分析了小学教师的倦怠过程，并给出了如图2-3所示的分析结果。当教师在个人层面、人际关系层面、工作和环境层面发生问题时，教师们虽试图解决问题，但当他们失败了，最终会发展成职业倦怠。教师们使用合适的应对策略来摆脱这种倦怠的情况。然而，当教师在实施应对策略时，会受到加重或减轻倦怠的因素的影响，所以根据教师自身所选择的应对策略，有的教师能克服职业倦怠，而有的教师则无法及时克服职业倦怠。

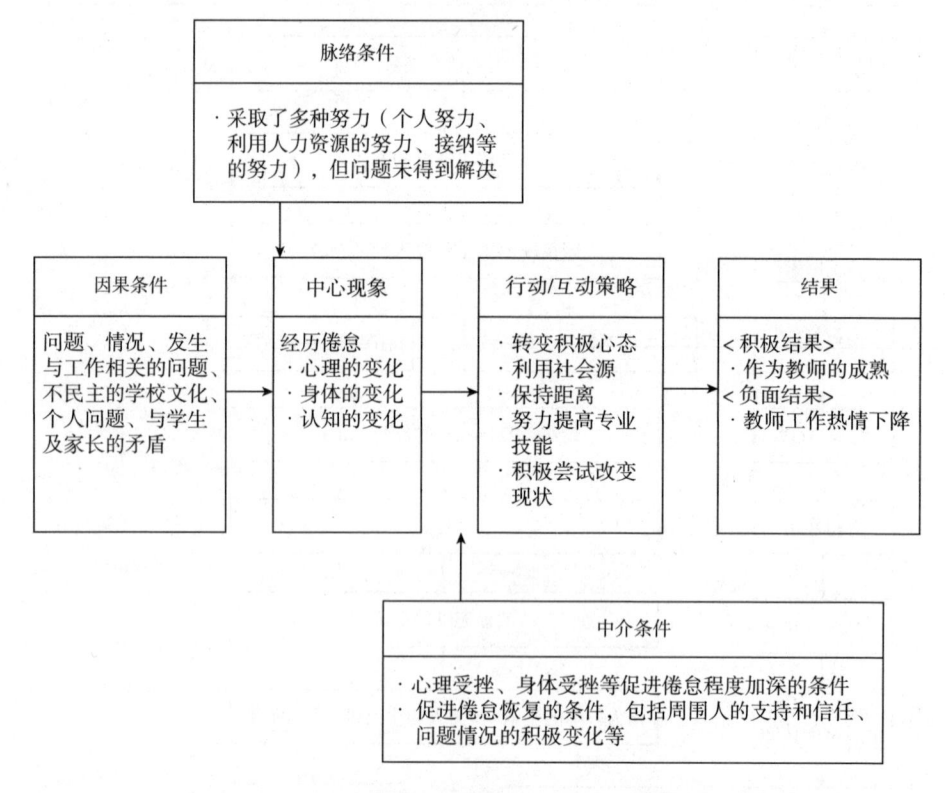

```
         ┌─────────────────┐
         │   脉络条件        │
         ├─────────────────┤
         │·采取了多种努力（个人努力、│
         │ 利用人力资源的努力、接纳等│
         │ 的努力），但问题未得到解决│
         └────────┬────────┘
                  ↓
┌──────────┐ ┌──────────┐ ┌──────────┐ ┌──────────┐
│ 因果条件  │ │ 中心现象  │ │行动/互动策略│ │   结果    │
├──────────┤ ├──────────┤ ├──────────┤ ├──────────┤
│问题、情况、│ │经历倦怠   │ │·转变积极心态│ │<积极结果> │
│发生与工作 │→│·心理的变化│→│·利用社会源 │→│·作为教师的│
│相关的问题、│ │·身体的变化│ │·保持距离   │ │ 成熟      │
│不民主的学 │ │·认知的变化│ │·努力提高专业│ │<负面结果> │
│校文化、个 │ │          │ │ 技能       │ │·教师工作  │
│人问题、与 │ │          │ │·积极尝试改变│ │ 热情下降  │
│学生及家长 │ │          │ │ 现状       │ │          │
│的矛盾     │ │          │ │            │ │          │
└──────────┘ └──────────┘ └──────────┘ └──────────┘
                              ↑
                   ┌──────────────────┐
                   │   中介条件        │
                   ├──────────────────┤
                   │·心理受挫、身体受挫等│
                   │ 促进倦怠程度加深的条件│
                   │·促进倦怠恢复的条件，│
                   │ 包括周围人的支持和信任、│
                   │ 问题情况的积极变化等│
                   └──────────────────┘
```

图2-3 小学教师的倦怠体验和恢复过程模型❶

赵孝淑（2011）指出小学教师经历的心理倦怠过程如图2-4所示。由于人际关系、官僚体制、过度劳累和个人因素，教师开始产生负面情绪或压力（赵孝淑，2011）。如果不能缓解这些负面情绪或压力，教师们最终

---

❶ 出处：基于扎根理论的小学教师的倦怠经历和克服倦怠的研究（吴妍熙，2018）。

就会发展成倦怠。在经历职业倦怠的教师中，有的教师在应对职业倦怠时尝试减轻或克服职业倦怠，也有的教师试图避免职业倦怠的发生。

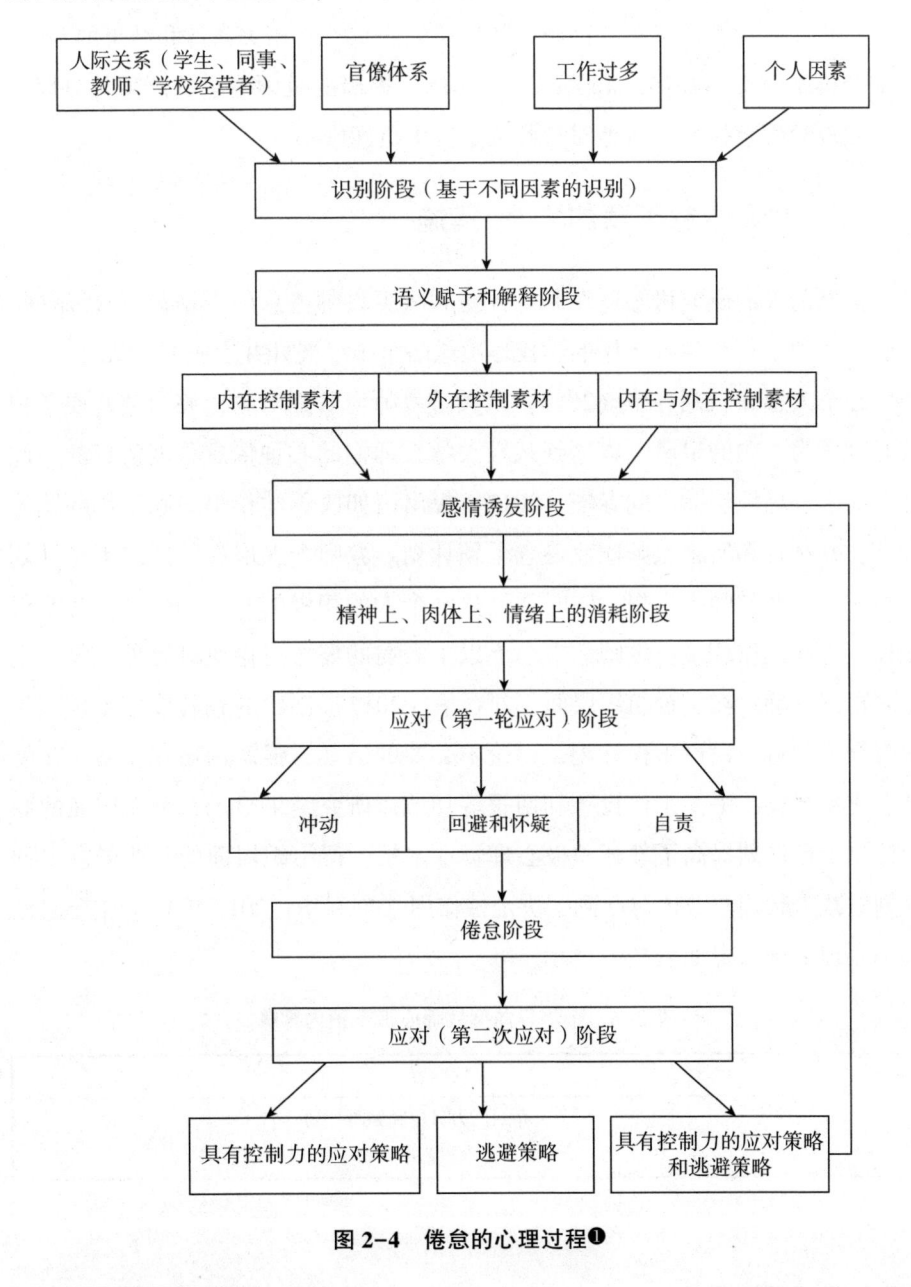

```
┌──────────────┐  ┌────────┐  ┌────────┐  ┌────────┐
│人际关系（学生、│  │官僚体系│  │工作过多│  │个人因素│
│同事、教师、学校│  │        │  │        │  │        │
│经营者）       │  │        │  │        │  │        │
└──────┬───────┘  └───┬────┘  └───┬────┘  └───┬────┘
       └──────────────┴───────────┴───────────┘
                          ↓
              ┌─────────────────────────────┐
              │识别阶段（基于不同因素的识别）│
              └──────────────┬──────────────┘
                             ↓
              ┌─────────────────────────────┐
              │      语义赋予和解释阶段      │
              └──────────────┬──────────────┘
                             ↓
        ┌──────────────┬─────────────┬────────────────┐
        │内在控制素材  │外在控制素材 │内在与外在控制素材│
        └──────┬───────┴──────┬──────┴────────┬───────┘
               └──────────────┼───────────────┘
                              ↓
              ┌─────────────────────────────┐
              │        感情诱发阶段          │
              └──────────────┬──────────────┘
                             ↓
              ┌─────────────────────────────┐
              │精神上、肉体上、情绪上的消耗阶段│
              └──────────────┬──────────────┘
                             ↓
              ┌─────────────────────────────┐
              │     应对（第一轮应对）阶段    │
              └──────────────┬──────────────┘
                 ┌───────────┼───────────┐
                 ↓           ↓           ↓
              ┌────┐    ┌──────────┐  ┌────┐
              │冲动│    │回避和怀疑│  │自责│
              └──┬─┘    └────┬─────┘  └─┬──┘
                 └───────────┼──────────┘
                             ↓
              ┌─────────────────────────────┐
              │          倦怠阶段            │
              └──────────────┬──────────────┘
                             ↓
              ┌─────────────────────────────┐
              │     应对（第二次应对）阶段    │
              └──────────────┬──────────────┘
                 ┌───────────┼─────────────────┐
                 ↓           ↓                 ↓
        ┌──────────────┐ ┌────────┐  ┌──────────────────┐
        │具有控制力的应│ │逃避策略│  │具有控制力的应对策略│
        │对策略        │ │        │  │和逃避策略          │
        └──────────────┘ └────────┘  └──────────────────┘
```

图 2-4　倦怠的心理过程❶

---

❶ 出处：小学教师倦怠经历的分析（赵孝淑，2011）。

赵孝淑（2011）和权正恩（2011）对职业倦怠分析的重点是教师职业倦怠发生的一系列过程，而许南实（2015）和吴妍熙（2018）则侧重于教师倦怠的症状和应对教师倦怠的措施，他们研究的重点是相关条件和结果的范式。仔细分析许南实（2015）和吴妍熙（2018）提出的教师倦怠的产生与克服范式，发现学生直接或间接地对教师倦怠产生负面影响。

六、教师倦怠干预的方案/措施

依据前人的研究可知，在制订预防和减少教师倦怠的干预计划/措施时，一般从教师个人和教师工作的学校环境这两个维度展开并实施开发研究。

在个人层面，刘春华（2017）以大学教师为研究对象，并为其开展了积极心理学为主题的讲座，以达到减轻大学教师们的心理倦怠程度的目的。此外，在学校环境层面，刘春华（2017）提出诸如改善学校组织和工作环境等措施，并制订和实施教师职业倦怠干预计划。教师个人层面的倦怠干预计划旨在积极改变教师的思想，同时强调教师个人的积极的心理和信念。为改善学校组织和工作环境，教师们在会上以主人翁的姿态讨论改进意见，收集意见并付诸行动。在学校组织层面，刘春华（2017）创建的教师倦怠干预项目包含介绍项目，讨论工作计划，讨论不必要的活动，强调沟通和反馈，建立社会支持系统，平衡工作投入和回报等环节。研究结果显示，个人层面的职业倦怠干预计划提高了教师积极心理资本水平，但组织层面的职业倦怠干预计划对减少教师职业倦怠起到了决定性作用（刘春华，2017 年）个体导向型教师心理干预内容如表 2-6 所示。

表 2-6 个体导向型教师心理干预内容[1]

阶段	内容
1	·介绍压力日记和健康计划 ·诗和艺术反映

---

[1] 本表内容根据刘春华（2017，p.141）的内容进行了摘取。

续表

阶段	内容
2	·科学解读职业倦怠 ·职业倦怠特征、主要来源 ·应对职业倦怠策略
3	·心理教育 ·深呼吸、冥想等积极目的训练
4	·寻找倦怠背后的限制性信念 ·运用破框法、意义换框法提升信念、化解倦怠
5	·艺术指导的应对策略探索 ·开始写健康计划 ·亲身实践锻炼
6	·修订、完善健康计划 ·引导表象训练

刘晴（2007）对中小学教师进行了职业压力应对训练和放松训练。由于实验组和对照组在职业倦怠的情绪耗竭和非人性化方面存在显著差异，证实了职业压力应对教育和放松训练对于预防和缓解教师的职业倦怠是有效的。

朴敬爱和赵贤珠（2008）针对小学、初中和高中教师开展了认知行为心理教育项目。认知行为心理教育项目使用认知和行为技术，包括反驳技术，以诱导改变为手段侧重于解决识别功能失调的想法、扭曲的思想、消极信念、态度和导致心理挫折和困难的行为的问题（Freeman&Reinecke，1995；朴敬爱和赵贤珠，2008）。参与认知行为心理教育项目的实验组教师的倦怠水平低于对照组教师。依据回数实施的预防或减轻教师倦怠的认知行动商谈项目内容如表2-7所示。

表2-7 依据回数实施的预防或减轻教师倦怠的认知行动商谈项目内容❶

回数（回）	训练内容
1~3	·介绍认知行为咨询的基本理论 ·确认自己对整体状况的认知 ·回顾自身的认知问题

❶ 本表内容根据朴敬爱和赵贤珠（2008）的论文中p268~p269的内容进行整理而成。

续表

回数（回）	训练内容
4~6	·教给人们区分正向和负向的想法 ·策划团体外活动 ·能够意识到自身的负面想法，并勇于接受因负面想法而导致问题的这一事实
7~9	·通过角色扮演对认知咨询和实践的核心程序进行教育和咨询
10~12	·通过与现实生活中的例子进行练习，与自己小组之外的活动进行比较
13~15	·发展系统化自己所学知识和实践并进行应用的能力

具奉振和赵建尚（2012）的一项研究表明，小学教师通过参与全民体育活动这种休闲娱乐活动获得的满意度对工作倦怠有负面影响。换句话说，如果教师通过参与体育课获得的满意度高，教师职业倦怠的程度就会降低。

第五节 女教师心理耗尽的质性研究

在我国，以女教师的倦怠经历为研究对象的质性研究论文共有三篇。马倩（2006）的这一篇论文针对中年女教师、叶红霞（2009）的这一篇论文针对中职女教师、李炳南和李亚南（2015）的论文则是以乡村地区的小学女教师为研究对象对她们的职业倦怠经历进行了定性研究。

马倩（2006）结合中年女教师入职至今的经历，介绍了导致中年女教师职业倦怠的过程、因素和应对职业倦怠的对策。马倩（2006）的研究结果表明，女教师在工作之初时，精神饱满、工作热情高涨，但随着工作的继续进行，由于职称晋升压力和家庭问题，工作热情逐渐消退，并且他们每天继续做同样的工作，同时出现了情绪衰竭、工作无意义感、效能低下等疲惫状态。马倩（2006）在她的研究中采访过一位中年女教师，这位中年女教师认识到自己已经精疲力竭，于是寻求他人和组织的帮助以及自我调节来克服倦怠，并通过这种方式很好地克服了倦怠。基于本论文的研究结果，马倩（2006）认为，教师的心理控制能力、学校和社会的支持与帮助对于教师克服倦怠是不可或缺的。

叶红霞（2009）参与研究的中职女教师经历了因中职功能的变迁和地位

下降的过程，并揭示了随着中职的社会性地位的下降，入学学生的能力和水平明显低于以前的学生。这使得女教师从工作中获得的成就感和优越感消失了，她们感到失望和倦怠（叶红霞，2009）。为了摆脱职业倦怠，女教师一改刻板印象，致力于改善自己与学生的关系和培养专业素养，因此取得了不错的成绩。

李炳南和李亚南（2015）通过采访在乡村小学工作的女教师，收集她们的倦怠经历，通过分析得出了倦怠的各种表现、产生倦怠的因素以及克服倦怠的方法。精疲力竭的女老师总是觉得很累，责骂学生，生气，觉得前路迷茫。影响乡村小学女教师的职业倦怠的因素是对自我的过高期望、不和谐的学校氛围以及社会认为教师是完美的人这三点。据此，李炳南和李亚南（2015）设定了合理的期望并建立了学校和社会支持系统、社会成员的全面综合评价等改进措施。

第三章 乡村小学女教师职业心理的研究路径

第一节 研究的整个过程与步骤

本研究的目的是开发关于中国乡村小学女教师职业倦怠经历的实质性理论，以提出帮助乡村小学女教师预防职业倦怠或从职业倦怠中恢复的对策。

为达到研究目的，本研究设定了两个研究问题：①我国乡村小学女教师职业倦怠现象是怎样的？②中国乡村小学女教师职业倦怠的原因是什么？

为了解决本研究设定的研究问题，采用了 Strauss 和 Corbin（1998）提出的扎根理论研究方法。依据 Creswell（2013）的定义，扎根理论是一种质性研究设计，研究人员根据大量参与者的观点对过程、行为或互动进行一般性的描述（赵宏植等人共译，2015，p.110）。本研究采用扎根理论的原因可归纳如下。

首先，本研究旨在开发关于乡村地区小学女教师动态的倦怠经历的实质性理论。扎根理论是一种质性研究方法，它从数据中生成理论，并根据研究人员提出的开放性编码、主轴编码和选择性编码等分析技术，从研究人员收集的数据中抽象生成概念、次范畴、范畴，并就它们之间的关系形成和理论形式化等进行解释。本研究通过揭示乡村小学女教师的职业倦怠经历与周围影响因素在时间和空间上相互作用的过程，以期达到本研究的目的。

其次，在分析以往与中国教师职业倦怠相关的研究时，很难找到揭示教师职业倦怠经历的质性研究。本研究基于职业倦怠的体验过程和 Strauss 和 Corbin（1998）提出的教师职业倦怠的宏观和微观矩阵分析工具，通过扎根理论对职业倦怠发生的背景、环境、人和物进行系统分析。

最后，数据收集与数据分析同步进行。使用扎根理论，研究人员分析了最初收集的数据，同时确定和收集了构建理论所需的数据。如果概念或范畴的发展状况不佳，可以通过分析工具更仔细地查看数据并根据需要收集更多数据。图3-1总结了本研究的总体流程。

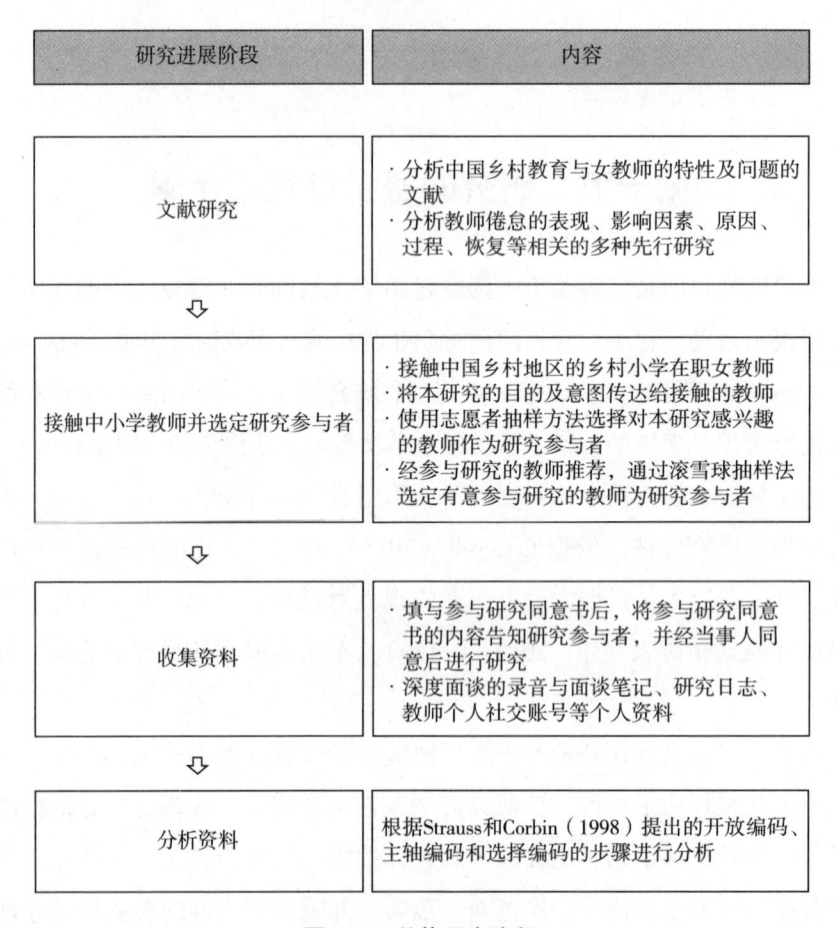

研究进展阶段	内容
文献研究	·分析中国乡村教育与女教师的特性及问题的文献 ·分析教师倦怠的表现、影响因素、原因、过程、恢复等相关的多种先行研究
接触中小学教师并选定研究参与者	·接触中国乡村地区的乡村小学在职女教师 ·将本研究的目的及意图传达给接触的教师 ·使用志愿者抽样方法选择对本研究感兴趣的教师作为研究参与者 ·经参与研究的教师推荐，通过滚雪球抽样法选定有意参与研究的教师为研究参与者
收集资料	·填写参与研究同意书后，将参与研究同意书的内容告知研究参与者，并经当事人同意后进行研究 ·深度面谈的录音与面谈笔记、研究日志、教师个人社交账号等个人资料
分析资料	根据Strauss和Corbin（1998）提出的开放编码、主轴编码和选择编码的步骤进行分析

图3-1 总体研究流程

第二节 研究参与者

由于本研究旨在根据扎根理论的分析步骤进行研究开发出关于中国乡村

小学女教师倦怠经历的实质性理论 Strauss 和 Corbin（1998，申庆林译，2001，p.182），所以使用了理论抽样方法，这是有目的抽样的研究方法之一。

理论抽样是基于"比较"的概念，从发展理论中得出的数据的收集，其目的是发现概念之间的差异，并最大限度地增加场所、人物、事件等根据属性和维度来增加范畴密度的机会来提取样本（Strauss 和 Corbin，1998，申庆林译，2001，p.182）。

因此，在本研究中，选择了正在经历职业倦怠或经历过职业倦怠的，并正在中国乡村小学工作的女教师作为研究对象。在本研究中，通过教师的自我报告来判断教师是否正在经历职业倦怠，以及是否经历过职业倦怠。选用此甄别方法的原因有以下三个：第一，在中国，教师耗尽的标志是教师倦怠。倦怠包含疲倦、烦恼、无聊的意思。通过这个词的含义，可以知道教师的倦怠或因倦怠而发生的变化。第二，从 2000 年开始，中国不断在全国开展教师心理健康状况和生存状况调查。此外，由于教师职业倦怠是社会热点问题，强调当前的心理状态，教师可以方便地查阅和研究与教师职业倦怠相关的书籍、论文、报纸、报告等各种资料。正因如此，教师们对教师职业倦怠有了深刻的认识。第三，因为倦怠等这些心理问题属于个人敏感问题，自己比谁都更能了解自己的心理状态。

在这项研究中，从第一个理论上匹配的研究参与者出发，Miles 和 Huberman（1994，p.28）建议从了解具有丰富信息的案例的人那里找到关键案例的滚雪球抽样（snowball）方法（Creswell，2007，赵宏植等人共译，2010，p.182）选取研究参与者。在本研究中，为了通过扎根理论提出的疑问和比较的方法来发展乡村小学女教师职业倦怠经历的理论，所以使用扎根理论提出的理论抽样选取了一名没有职业倦怠经历的城市小学教师，某城市中学的一名女教师和另一名女教师作为研究对象。

在分析最开始访问的研究参与者的访谈内容的基础上，通过 Strauss 和 Corbin（1998）提出的开放性编码、主轴编码、选择性编码的编码程序来进行数据处理，根据数据结果，再次通过理论抽样的方法寻找其他研究对象、地点、情境、文献、事件等（申庆林译，2001，p.187-191）。

参与本研究的研究参与者们在湖南省 U、V、W 市的乡村学校和城市学校工作。历史上，有文物可以证明湖南人的求学热情。古代四大书院之一的岳麓书院位于湖南，对联上写有"惟楚有才、于斯为盛"这 8 个字。这八个字的内容可以解释为湖南省的人才辈出。现代湖南人受这种求学文化的影响，非常重视学生的学业。新华社报道，湖南省农民工外流较多，2016 年农民工人数达到 788 万人（新华社，2017）。随着农民工的外流，外出打工的父母将子女托付给爷爷奶奶的问题也随之而来，这些社会和文化因素影响着教师的工作。

参与本研究的研究参与者的详细信息如下：

到今年为止，A 老师已经工作了将近 5 年。A 老师在偏远地区的一所乡村小学工作，所以她远离家人。A 老师非常想念孩子，几乎每天都和孩子视频通话。A 老师刚入职时，父母和姐姐送她到现在工作的学校。父母和大姐一边收拾学校校园里破旧的教师之家，一边流泪。不过，A 老师很乐观，安慰父母和姐姐说生活设施还可以。A 老师主修体育，但因学校师资不足，还要负责语文、数学、社会、自然等课程。A 老师感到倦怠，是因为她缺乏从工作中获得的认可或满足感。即使是现在，A 老师也无法完全克服倦怠。A 老师在履行职责的同时，还要代表学生家长全天照顾与父母异地的儿童和单亲孩子。

B 老师和 A 老师在同一所乡村小学工作。B 老师教语文，是班主任。B 老师并没有毕业于教育学院，而是在身为教师的父母和祖父母的影响下决定成为一名教师。于是，B 老师不仅为了通过教师职业考试参加了各种教师培训，还通过分析语文专业相关的书籍和视频进行了学习。B 老师至今已经工作了 7 年左右，当 B 老师工作大约 4 到 5 年的时候，她因为怀孕生子请了一年假。目前，B 老师因照顾孩子，与孩子和婆婆一起住在教师之家。在 B 老师的案例中，她因通勤时间不明确导致工作时间延长而产生倦怠感，不得不同时兼顾家庭和工作，缺乏自我认同感。

C 教师是乡村小学男教师，从教 38 年，C 老师入职以来从未出现过倦怠感。C 老师也是本地人，是全区第一个通过高考进入教育学院的学生。C 老师从此受到了当地人的尊敬。入职后,他通过刻苦努力取得了良好的教学成绩,始终为自己感到自豪。而C老师也被家长和学生无条件的信任所感动,决定更加努力。C老师表示,与家长和学生保持融洽的关系,有利于教学和辅导活动的开展。C老师以前教过语文和数学,现在快退休了,学校只分配了社会学、自然、体育等没有统一考试的科目。

D老师在工作4年后曾短暂的离开过教师行业,当时有保留教职但不给教师发薪的政策,在这个政策下,D老师在离开教师行业八年后重返教学岗位。D老师坦言,在离任前,她过得还不错,虽然父母、学生、同学都相处得很好,但她完全看不到自己的价值,拒绝去学校上班。在大城市工作了8年,D老师回到学校后完全康复了。D老师满意地告诉研究人员,她有自己的目标,为了实现这个目标,她现在可以利用过去的教学生涯中发展能力的经验。

E老师在偏远地区一所规模较大的乡村小学工作。拥有11年教学经验的E老师,在学校提供的教师之家独自抚养着两个孩子。E老师所在的学校存在师资短缺的问题。由于缺乏师资,E老师只好一学期教160名学生语文。不过,E老师表示,虽然自己是语文教育出身,但入职以来一直在教数学,所学专业与授课学科之间的偏差使她产生顾虑感。此外,由于E老师工作量过大,家庭和工作也要同时兼顾,而且教师身份不被认同,导致E老师疲惫不堪。

F老师今年工作22年。F老师说,她的孩子是大学一年级的学生,比起她孩子准备高考的那段时间,她现在是自由的。就在一年前,F老师因孩子备考高考和父母、公婆的健康问题,令其身心疲惫不堪。另外,由于40多岁、50多岁的老师有很多教学经验,可以参与的项目很多,比如学校教授研究项目、公开课、教授培训制作等。F老师在本校工作期间,曾与多位学校行政人员共事。F老师对学校管理人员的风格、学校氛围以及与同学的沟通方面都感受过一些变化。当F老师因为照顾家人而无法兼顾工作、因分配给她的工作过多而疲惫不堪。

G老师一边做公务员,一边想做点有价值的事,于是辞掉工作,选择当老师。为了取得教师资格,他通过了教师资格考试,并最终通过了由教育局主办的正式教师招聘考试。G 老师带着很高的期望入职,但她每天都感到紧张和怨恨自己,因为她没有教学实践经验,不知道如何上课。为了了解如何上课,如何应对课堂上发生的突发事件,她在网上搜索和分析与上课相关的视频,也尝试观察其他老师的课堂,但都没有找到解决办法。像 G 老师这样的城市教师,因为得不到家长和学生的尊重而经历倦怠。

到今年为止,H 老师已经工作了大约 6 年。H 老师在市里的一所中学教八年级英语。从人的发展阶段来看,中学生正经历青春期。青少年学生通过使用网络来了解世界是最简单的方法。然而,H 老师却坦言,由于青春期学生不加筛选地接受网络上的一切,对学生价值观、世界观、人生观的形成产生了负面影响。甚至,有些学生表示,在网上看到有关师生矛盾的文章后,很容易对老师产生负面看法。H 老师和 G 老师一样精疲力尽,因为家长或学生对教师职业有消极的看法且不尊重老师。

之前展示的参与研究者的现状、个人特征和关注点是单独描述的。呈现在表 3-1 中,汇总并呈现了研究参与者的背景变量。

表 3-1 研究参与者的个人变量

研究参与者	性别	教龄(年)	是否班主任	学校级别	学校地区
A 教师	女	5	否	小学	乡村
B 教师	女	7	是	小学	乡村
C 教师	男	38	否	小学	乡村
D 教师	女	20	是	小学	乡村
E 教师	女	11	是	小学	乡村
F 教师	女	22	否	小学	乡村
G 教师	女	4	是	小学	城镇
H 教师	女	6	否	初中	城镇

第三节　数据收集

一、深度访谈

本研究通过深度访谈的方式收集研究数据。本研究中的深度访谈是根据 Seidman（2006）（朴惠俊，李胜妍译，2009）建议的三次访谈结构进行的。在深度访谈之前，研究者告知研究对象本次研究的目的、旨意、研究方法、研究纲要、研究伦理等，并努力与研究对象建立融洽的关系。

深度访谈以半结构化访谈的形式进行。半结构化面试是访谈者提出一系列事先准备好的结构化的问题，然后用开放式问题引出被访谈者更深入的回答以获得更丰富的信息的访谈方式（金永川，2016，p.297）。因此，研究者可以通过半结构化访谈，根据研究参与者的回答和反应，灵活提问，收集丰富的数据。

在这个研究的深度访谈中，首先要求老师自我介绍，包括个人背景，比如，年级/学科、教学经历、学校水平、是否是班主任。再弄清楚他们是如何度过他们的一天，然后寻问他们在自己倦怠的日子里过得怎么样。探究倦怠的原因、倦怠的状态、影响倦怠的因素、克服倦怠的措施、倦怠的结果、自身的差异。与此相关的提问领域由教师课堂、生活指导、工作负责、培训和活动四个方面组成。各提问领域的详细题型设置如表3-2所示。采访是在研究参与者教师们工作的乡村小学和一些研究参与者的家里进行的。在访谈过程中，研究人员记录了参与者的手势、面部表情、细微差别、叹息和笑声等。访谈结束后，研究者立即将访谈内容抄录下来，其余时间记录参与教师的日常生活，并编写研究日志。

当分析笔录时存在模棱两可的部分或需要进一步采访其他研究参与者以了解他们对这部分的看法以便更深入地分析发展概念的属性和维度时，会进行额外的采访。本研究中使用的半结构化深度访谈问题提纲以及研究参与者的采访过程和类型如表3-3和表3-4所示。

表 3-2 半结构化深度访谈问题提纲

问题模块	具体问题
倦怠	·如何感知到自己正在经历倦怠 ·您当时产生倦怠后的状态是怎样的呢 ·您能告诉我您是如何产生倦怠的吗 ·在经历倦怠的过程中，受到哪些因素会进一步加深或减轻倦怠 ·您克服了倦怠吗？您是怎么克服的 ·通过经历倦怠，您有什么变化
教学	·请您谈谈您在经历倦怠的情况下如何继续上课 ·您如何确保课程顺利进行 ·上课的过程中有什么困难的事情吗
生活指导	·在经历倦怠时，您是怎么做生活指导的 ·做生活指导有什么难处吗 ·在做生活指导遇到困难时，您做了哪些努力来改善
工作事务	·您能谈谈你的工作事务吗 ·您在工作中遇到过什么难点 ·您在工作中可以得到哪些支持/帮助
研修与活动	·您参加过哪些培训 ·您参与过哪些学校活动以及地方和社会活动 ·通过进修和活动，您有什么变化吗

表 3-3 研究参与者的采访过程和类型

采访过程	内容	采访类型
事前	宣传研究的宗旨、目的、概观、研究方法、研究伦理等，形成亲密关系（rapport）	面对面 SNS
第 1 次	·教师在学校工作一天的日常 ·教师对倦怠的理解及经验	面对面 SNS
第 2~3 次	·第一轮采访转录中含糊不清的内容 ·与教师倦怠相关的脉络性条件和围绕教师倦怠的争议 ·将之前问其他研究参与者的问题向没有回答过此问题的研究参与者提问，实施交叉检查（cross-checking）	面对面 SNS

表 3-4　研究参与者的采访日期和类型

研究参与者	采访次数	采访日期	采访类型
A 教师	事前	2019.04.13	面对面
	第 1 次	2019.04.16	面对面
	第 2 次	2019.05.18	SNS
	第 3 次	2019.07.02	面对面
B 教师	事前	2019.06.22	SNS
	第 1 次	2019.07.01	面对面
	第 2 次	2019.07.02	面对面
C 教师	事前	2019.07.01	面对面
	第 1 次	2019.07.01	面对面
	第 2 次	2019.07.02	面对面
D 教师	事前	2019.07.01	面对面
	第 1 次	2019.07.02	面对面
	第 2 次	2019.07.25	面对面
	第 3 次	2019.08.25	SNS
E 教师	事前	2019.08.10	面对面
	第 1 次	2019.08.17	面对面
	第 2 次	2019.08.24	SNS
F 教师	事前	2019.08.24	面对面
	第 1 次	2019.08.26	面对面
	第 2 次	2019.08.28	SNS
G 教师	事前	2019.08.28	面对面
	第 1 次	2019.09.01	面对面
	第 2 次	2019.09.06	SNS
H 教师	事前	2019.09.01	面对面
	第 1 次	2019.09.10	SNS
	第 2 次	2019.09.15	SNS

二、文档

研究者不仅在通过深度访谈收集资料的同时撰写研究日志，还要通过参与本研究的教师收集文献资料。所收集的文献按来源可分为四类：第一，在征得参与研究的教师同意的情况下，收集和分析能够反映教师生活和思想的文件和 SNS 等个人资料。第二，参与研究的教师撰写的工作文件。第三，能够反映学校管理和学校生活的学校行政文件。第四，研究人员在进行研究时撰写的研究日志。

第四节 资料分析

在这项研究中，分析了根据开放性编码、主轴编码和选择性编码程序收集的数据。

开放性编码是一个分析过程，在这个过程中，一个概念被揭示，它的属性和维度在数据中被发现（Strauss & Corbin, 1998, 申庆林译, 2001, p. 91）。在开放性编码阶段，研究者在征得研究参与者同意的情况下，将访谈录音转录下来，然后严格逐行阅读和分析，以开发属性和维度。通过开发更多的属性和维度，研究人员可以更仔细地分析丰富的数据。研究人员使用 Strauss 和 Corbin（1998）提出的数据逐个比较、远距离比较、翻转技术和系统比较。综合分析经历过倦怠，以及没有经历过倦怠的教师，公职人员和医生在国家系统中从事人际关系服务，以期开发丰富多样的类别。

为了分析研究数据，研究人员通过分析研究从事服务行业的专业人员（如教师、公务员、警察、和护士）的倦怠经历。凡是在研究资料中出现"非常""从不""总是""经常""受不了"等能够描述这种极端情况的词语时，文本均以粗体显示，并且正文用粗体标出，对比分析了研究对象的情况或极端情况的各种原因和特点。为了通过比较更详细地分析数据，将未经历过倦怠的教师和城市学校教师的日常生活和思想与乡村地区疲惫的教师的日常生活和思想进行了比较。研究人员分析了数据，同时比较了以往关于教师、公务员、警察和护士等各个领域人员的倦怠的相关研究。

主轴编码围绕类别的轴发生，是在属性和维度级别将类别链接到子类别的过程（Strauss & Corbin, 1998, 申庆林译, 2001, p. 111）。在主轴编码阶段，研究者关注一个类别，在开放性编码阶段分析属性和维度，发现的类别是"为什么、如何、谁、何时、什么""哪里"等，系统地分析包括因果条件、背景条件、中介条件、现象、行动或相互作用和结果的范式相关内容。在开放性编码分析完成之前不能进行主轴编码，但主轴编码可以与开放性编码同时进行。

研究人员在本研究中使用范式模型建立了类别之间的关系。首先明确乡村小学女教师的倦怠或职业倦怠带来了哪些变化。"工作负担过重""自我认知缺失""乡村女教师理想的教职观"是导致女教师职业倦怠的直接原因，故将其作为范式的因果条件。在时空交互中，以能够增加或减少女教师职业倦怠的条件作为情境条件，以因果条件、情境条件为中介条件。行动、互动策略是指通过对乡村小学女教师"改变个别教师的想法""逃离现场""接受有丰富教学经验的老师的辅导"等策略来克服职业倦怠。因此，乡村地区的小学女教师"通过对学生的公平评价和认可来一部分维持、克服倦怠""通过寻找富有成效的学校生活方法来一部分维持、克服倦怠""通过寻找现实的教学观来忽视倦怠"这三个克服倦怠的方式出来。

选择性编码是在前两级编码得出的结果的基础上进行整合和阐明所要得出的理论的过程。所以，在选择性编码这一步骤中，须通过不断比较这一分析方法，开发出足够多的抽象的核心范畴。选择性编码这一步骤由不断比较和理论抽样这两种分析方法开始，直至在范畴的维度和属性方面再也没有新的概念产生即停止。如果没有产生出新概念，即表明研究已经达到了理论饱和，收集数据可以结束。在这项研究中得出的核心范畴是"通过维持、忽视和克服倦怠的经历来找到自我的价值"。

第五节 研究的信度和效度保障

一、研究人员的准备

进入研究生院后，研究员一直参加研究室定期举办的周六学习会。Seidman 的 *Interview as a Qualitative Research Method*: *A Guide for Researchers in Education and Social Sciences*、Creswell 的 *Qualitative Research Methodology*: *Five Approaches*、Strauss 和 Corbin 的 (*Qualitative Research*) *Stages of Grounded Theory*、崔钟赫的《质性研究方法:扎根理论与修正扎根理论的实践》、Jeffrey E. Mills 的《教师实践研究》等。

2016 年,研究人员在研究室博士们的帮助下对科学成果标准进行了质性研究。研究者经历了初步文献查阅、访谈问题的选择和修改、进行访谈、转录访谈录音、分析笔录、研究者三角测量、定性研究论文撰写的全过程。通过这次经历,研究人员获得了独立进行质性研究的经验。此外,该研究论文以 PPT 格式在清州举行的教育学术会议上发表,并进行了口头陈述,随后就质性研究方法和论文内容进行了问答环节。以此为契机,将质性研究的理论研究转入实践。

由于个人原因,研究人员从小住在学校内的教师家庭公寓里,因为姨父就在这个小学工作。也正是因为这次经历,他了解了一位小学老师的日常,看到了小学老师放学后度过的空闲时间,参加体育、唱歌、跳舞等各种活动。随着研究者的成长,大部分同居的堂兄弟姐妹、好朋友或同学一毕业都选择了教书。每次假期见面,他都会听到很多亲人和朋友关于对自己职业倦怠状态的担忧,他的堂兄弟姐妹和朋友或同学对他们工作和家庭的担忧也与研究者分析。为了找到应对之策,研究者开始阅读与职业倦怠相关的文献。

研究者广泛使用中国知网、万方数据和 cqvip 数据库中检索并分析了与教师倦怠相关的文献。然而,对乡村教师的研究却很少见,尤其是在女教师占 50%的今天,对乡村女教师的生活和职业倦怠的研究更是少之又少。带着对乡村教师职业倦怠是什么以及如何减轻职业倦怠的批判性思考,研究者采访了乡村学校的教师,并制订了适合他们的职业倦怠量表。

此次,研究者深入现场,聆听乡村小学女教师的职业倦怠故事,从整体上探究她们的生活,并形成理论来揭示她们的职业倦怠经历。为减轻她们的倦怠的对策提供帮助。在研究者进行扎根理论之前,为了增加研究者的理论敏感性,研究者不仅考察了以往关于教师职业倦怠的研究,还对在国家服务系统的领域工作的医生、护士和公职人员的职业倦怠进行了广泛的研究。

二、确保研究的可靠性和有效性

Guba 和 Lincoln（1981）提出了四个标准：真实价值、适用性、一致性和中立性，这是作为评估从自然主义角度探索社会环境的质性研究的标准（朴胜民等人翻译，2012，p.110）。为了保证本研究的信度和效度，研究者力求在论文中体现和满足这四个标准。

真实的价值可以表示为强调研究人员真实地描述和解释现象的可信度。换句话说，真正的价值意味着研究者生动地再现了现象，没有扭曲或遗漏。在本研究中，为了符合事实价值的标准，在分析中不仅很好地使用了访谈内容，还很好地使用了教师的个人资料。

适用性是看研究结果在进行研究的语境之外是否合适，以及当读者阅读研究结果并结合自己的经验来看时是否有意义和适用（朴胜民等人翻译，2012，p.111）。换句话说，本研究的结果可以转移到本研究的情境之外，本研究的结果适用于其他读者。因此，在本研究中，研究者遵循扎根理论抽样的注意事项，运用理论抽样方法招募参与者，直至理论饱和。

一致性对应于定量研究中的可靠性，当对类似情况下的类似参与者重复执行这项研究的过程时，就会出现相同的研究结果。换句话说，这意味着其他研究人员可以追踪到本研究中使用的研究人员的清晰的操作步骤。在这项研究中，一位教育领域的教授在质性研究方面具有丰富的经验，并对职业倦怠进行了研究，以确保研究人员符合一致性标准，两位教育博士参与了对教师心理学进行的质性研究并审阅了研究者的访谈大纲，他们在定性研究领域进行了大量研究并进行了深入研究，可以确保本研究的一致性。

中立性可以解释为研究者的意图不包含在本研究的整个过程和结果中，必须排除偏见。换句话说，从本研究开始到得出结果，研究者对本研究的个人意见、偏见和假设都应排除，即所有可能危及本研究中立性的因素都必须排除，并应该对研究的结果进行负责。在这项研究中，研究人员按照本人听到的录音访谈来描述，以符合中立的标准，并牢记研究结果必须基于收集的数据得出。

除此之外，为了提高 Strauss 和 Corbin（1998）提出的研究人员的三个基本特征：分析能力、理论敏感性和充分描述所发现的事务的能力（申庆林译，2001，p.246），研究人员应该具有质性研究经历并撰写过论文。

三、研究伦理

在访谈开始前，研究者提前邀请教师，并告知愿意参与研究的教师本次研究的目的和主旨、参与访谈的相关注意事项、匿名保护等。在出示了研究者写的同意书并说明了细节后，研究者对研究参与者说："如果你同意，请签字。你同意吗?"当研究者参与者同意后，即签字。参与同意书规定了双方的权利和义务，所以如果双方签署协议，就代表双方都同意协议的权利和义务。由于有些研究参与者都理解并同意研究同意书的条款，但表示有意向研究者作出口头承诺而不是签名，因此研究者尊重研究参与者的意愿，如研究参与者所愿作出了口头承诺，并没有收到研究对象的签名。现将参与协议的具体内容归纳如下。

首先，研究人员记录与研究参与者的访谈。所有录音都被转录和分析。研究者可以做笔记，记录访谈过程中产生的想法和问题，以及当时发生的情况。从研究者转录时起，录音中出现的自己姓名、他人姓名、学校名称和所在地、具体工作名称、培训名称、活动名称均按字母顺序处理，并以三角或圆形字符匿名化标记。

其次，研究者保证不会在本研究之外使用收到的访谈数据。当研究者将在本研究过程中收集的所有数据作为最终研究结果提交时，他承诺与研究参与者一起销毁所有使用过的数据。

最后，如果研究参与者在参与研究的过程中表示了不再继续参与研究的意愿，他/她可以告知研究者并退出研究。

第四章　乡村小学女教师职业倦怠现实情况

第一节　多名乡村小学女教师的职业心理历程故事梳理

一、A 老师的职业心理经历

A 老师从小到大有了教学是一个神圣的职业的认知。A 老师认为教育决定民族、国家、孩子的未来，A 老师非常爱孩子，因为教书是一份稳定的工作，而且她认为这是一个很好的女性职业选择，所以上了大学就选择了体育专业，毕业后，她参加了乡村学校的教师招聘考试，并通过了体育老师招聘考试。开学前，A 老师就去学校入职了。

但是，由于学校师资匮乏，A 老师入职后立即负责数学、社会、美术等科目。在乡村教师看来，体育课一直被认为是一门让学生自由发挥的学科。这是因为地区高等教育督导部门的教师评价非常看重数学和语文这两个主要学科的班级评价分数，因为它们是用来评价教师工作成绩和能力的。这种重数学和语文的现象，不仅在乡村学校有，在城市学校也有。A 老师从三年级开始教数学、社会、美术等科目，她认为小学的内容对她来说不难，因为她也是受过高等教育的人。

不管小学的课程内容知识多么简单，由于没有接受过专业培训，A 老师在授课时过于依赖课本，无法用新的、专业的教学方法进行创造性重构并教授课程。每当遇到这种情况，A 老师就会怀疑自己的专业性，认为如果由她来负责体育课，就可以利用体育课的专业知识，为学生们编排一门既有趣又易于学习的体育课。此外，乡村学生上学路途遥远，有发生安全事故的隐患，乡村学校以宿舍形式运营。由于父母在城市打工的与父母异地的儿童，以及因经济和健康问题而产生的单亲家庭的孩子都在学校生活，学生的学业由老师负责、学生生活的方方面面都需要老师用心呵护。即使是在老师睡觉的时候，如果有学生发生紧急情况，老师们也得马上起来处理。

为此，A老师几乎整天都在工作。A老师除了承担过多的工作外，还要教非专业课，所以在强调班级平均分的教师评价中，她并没有得到很好的评价，也没有被其他人认可为好老师。第一次，A老师对自己的自身价值产生了怀疑。即便是在晋升考核中，离退休时间很短、教学经验丰富的老师率先获得晋升考核资格的情况并不少见，A老师开始怀疑自己能不能做好一个教师，以及她作为教师的价值。此外，由于A老师身处教师行业，工作繁杂，对教师这个职业所产生的理想的教师观产生了怀疑，自己全身心投入自己坚信的教师职业中的价值观和信念也逐渐崩溃，导致倦怠。

倦怠的A老师觉得自己所做的一切都毫无意义。与学生交谈或辅导时，她没有了耐心，很容易生气。甚至在工作中，遇到不能马上解决的事情，她都会感到急躁和沮丧。经过一天的工作，A老师疲惫地躺在床上，却因各种思绪无法入睡。以前身体健康的A老师即使是体育老师，现在也开始频繁地感冒。作为老师，原则上不能放弃一个学生。A老师在学生的学业和生活问题上寻求家长的配合，但在家长说自己的孩子是一个半途而废的学生后，A老师就觉得只剩下她一个人在为学生操心了。另外，A老师的同龄朋友兼同事接手了B老师的课。B老师正在经历倦怠。B老师是努力提高学生成绩的那种工作作风。某学生学习出现问题后，A老师的朋友第一时间联系了该学生的祖父母。学生的祖父母一到学校就开始殴打学生。被打的学生很反感A老师的朋友，没有继续学习。正因如此，爷爷奶奶跑到学校向A老师的朋友抱怨，说A老师的朋友不如B老师，她没有当老师的能力，如果孙子能接受B老师的教诲，就不会出现这种情况。由于A老师的朋友出乎意料地被拿来与一位同事进行比较，这让A老师的朋友非常沮丧，以至于她对自己作为老师的身份做出了负面评价。A老师意识到，由于朋友的遭遇，家长无法理性地评价老师。然而，像A老师和她的朋友这样的新手老师，他们的工作从来没有得到过别人的认可，所以如果他们做错了什么，他人常常认为不是因为她们准备得不够充分，而是她们没有能力，不是合格或有水平的教师。

A 老师性格活泼，善于交际。为了克服倦怠感在处理工作时，征求学校行政人员的意见并执行，或在学校行政人员的帮助下进行对家长和学生辅导。此外，她还经常拜访与她相识的、有丰富教学经验的教师，并接受辅导。最重要的是，学生在与 A 老师交流的同时，也想向 A 老师吐露心声。患有心理问题的与父母异地的儿童或单亲家庭的孩子性格内向，不愿与人分享内心感受。于是，A 老师在指导学生的同时找回了自己的价值，逐渐对自己的工作产生了满足感。

A 老师所在学校的生活设施和教学设施陈旧。国家和地区不断投入巨资，完善生活和教学设施等硬件设施和师资培训、教学资源数据库等软件设施。得益于国家和地区高等教育部门的支持，A 老师的学校生活变得更加轻松。但由于 A 老师在乡村学校工作，工作时间不得不住在学校。结婚生子后，A 老师只好把孩子留给丈夫和父母，一个人在学校生活。A 老师的老公工作也很忙，所以她的孩子大部分的时间都是和她的父母待一起的。于是，A 老师的孩子也成为与父母异地的儿童。与父母异地的儿童和单亲家庭的孩子出现的心理问题多半是因为得不到父母的关注和照顾。所以，A 老师在学校看到与父母异地的儿童和单亲家庭的孩子出现心理问题时，总是担心自己的孩子也会出现心理问题。正因如此，A 老师一直心疼孩子，也觉得对不起自己的父母和丈夫。所以，A 老师常常在工作时间之外乘坐汽车回家。仅有的休息时间被频繁的家校两地奔波所消耗，无法专心工作。虽然 A 老师每次去学校都很生气，讨厌去学校，但是 A 老师喜欢孩子，选择教职的内因和外因都是因为 A 老师认为教书是一份稳定的工作，所以即使出现职业倦怠，她也没有辞去教书工作的打算。

A 老师还没有克服倦怠。因为之前的评价机制一如既往地运行，家庭和工作的平衡还没有找到，作为个人的价值、作为教师的价值、作为家庭成员的价值、作为社会成员的价值尚未被认可。A 老师正在积极尝试改变自己目前的心态以摆脱倦怠，并正在接受一位具有丰富教学经验的老师的辅导。A

老师坦言，为了能转岗到父母家附近的综合实力更强的学校，她还在努力备考教师招考。或许以后，如果 A 老师调到家附近的综合实力更强的学校，可以兼顾工作和家庭，等到有一天她得到别人的认可，同时展现出她作为体育工作者的专业性时，倦怠感就会得到缓解。

二、B 老师的职业心理经历

B 老师虽然不是教育专业，但在毕业前，受担任教师的祖父母和父母的影响，她选择了教书。B 老师可以说出身于教师世家。为了有资格参加教师招聘考试，B 老师还接受了教师资格培训，并通过了全国普遍实行的教师资格考试。B 老师在 A 老师工作的乡村小学校工作。

和 A 老师一样，B 老师也因为学校师资不足，同时教授英语、自然、音乐、语文等科目。B 老师总是担心自己在教授非专业科目时，用错误的知识和内容来建构学科知识，对学生造成大的伤害，对自己的专业信心一落千丈。B 老师目前是班主任，经常要和远在外地的家长联系。这要求 B 老师履行行政职责，辅导学生，借手机给学生与家长联系，向家长说明学生情况，下班时间检查学生睡眠情况和健康状况。因为自己家的孩子还小，B 老师在学校和孩子住在一起。B 老师想到要解决的家务活，利用下课时间会马上回家做。此外，B 老师下班后，她依然会帮助因遇到问题或需要帮助而来到 B 老师家的学生。B 老师没有固定的工作时间，工作和生活的界限也很模糊。B 老师几乎每天都从早上 6 点忙到中午 12 点。B 老师无法专心照顾自己孩子，利用下课时间回去看一下，在铃响前再回去上课。正因如此，B 老师一直怀着一颗愧疚的心。

至此，B 老师已经工作了 7 年。7 年来，B 老师以她所教班级的平均分得到一致的好评，她在一定程度上感受到了自己作为一名教师的价值。但是，B 老师想知道究竟要等多久才能写出用这些出色的教学成果完成自己的职称晋升，现在普遍的共识是，她应该放弃晋升机会，因为职称晋升的名额有限，从人文关怀角度来看，机会也应该给学校的教龄长的老师。B 老师向父母抱怨说，如果她一直不晋升，她作为一名教师的能力会被低估，并会被他人怀疑她的能力和价值。现行晋升评价办法是根据教师获得荣誉证书的数量来评价的。再优秀的青年教师，能参加的比赛也不多，即使拿了很多证书，也不如有丰富教学经验的老师持有的证书数量多。所以这不是一个公正的评价标准。再加上因为不公平的评价，自身的能力和工作价值得不到认可，所以她找不到自己的价值所在，觉得前途一片黑暗。B老师从小通过社会文化、媒体和家庭教育，认识到教师是一份神圣的职业。这种高尚的工作意识对教师既有积极的影响，也有消极的影响。在积极的层面上，教师像烛光一样照亮学生的生命，敬业的教师不会因为外在的回报而轻易离开教师这个职业。从消极的角度来看，现实中教师因工作量大，效率低下，在职场上得不到好的评价，这很容易让B老师开始怀疑自己的能力，也因为无法证明自己的能力而导致倦怠。

尽管B老师整天努力工作，但当她的价值没有通过晋升评估得到认可时，她得到的奖励并没有她认为的那么能证明自己的能力，所以她在学校教学现场会表现出行为退缩。因为她认为哪怕她做得好，也得不到回报，那随便做做也没啥问题。以前，在备课时，都会在课前精心准备，而现在，即使教不同的学生，上课也是按照去年写好的教案来上课。当一个学生在课堂上反应不佳或提交的作业有很多问题时，B老师认为这是学生的错，对学生的问题很生气，而不管学生。此外，当学生跟不上B老师的课堂进度时，B老师也越来越怀疑自己的教授能力。

B老师在参加国家、地区高教部门举办的师资培训时，向一位在语言文学教育领域颇受尊重且具有丰富教学经验的老师咨询了她的顾虑。幸运的是，许多从事教学工作的老师都经历过同样的倦怠情况，所以那位老师给了B老师很多建议。当B老师回想一个学期的备课、上课、与学生的交流等，她当时并不明白她今年教的学生和去年教的学生有什么不同，现在的学生偏好的教课方式或适合的教学方法和沟通方式都不一样，但是她从来没有想过解决方法，只是重复去做去年所做的事情。通过这个反思过程，B老师首先走近学生，请学生们自由发表对班级和老师的看法或建议。B老师对学生一向很好，所以学生看到B老师真诚的样子，就把自己的意见或建议告诉了B老师。

每年的教师节和假期，B老师都会收到她教过的学生送来的深情问候、贺卡、鲜花、巧克力等礼物,她对自己的工作感到自豪和满足。B 老师称赞 A 老师的朋友是一位有强烈责任感的老师。B 老师在家长联系她之前,通过与学生的深入交流,提前发现了学生的问题。在要求家长配合的时候,可以明确、具体地指出来需要家长哪方面的配合。B 老师目前所在学校的校长,责任心强,与老师合作共处意识强,在工作中会积极帮助老师。配合得好的家长对 B 老师很尊敬,与 B 老师也建立了亲密的关系。由于父母的配合,B 老师的工作变得轻松了。

B 老师本学期通过了正式的教师招聘考试,下学期将在一所综合实力更强的学校工作。因为在国家和地区层面没有针对教师的职业倦怠缓解系统,所以转岗到新地方的学校或者相同地区的新学校可以被视为缓解教师职业倦怠的方法。另外,如果去综合实力更强的学校,B 老师可以只专注于学校的工作,可以和很多有经验的老师一起讨论,很容易获得隐形的教学资源。B 老师还没有完全从倦怠中好转,但是通过个人层面的策略大大缓解了倦怠。

三、D 老师的职业心理经历

D 老师受社会影响,认为教学是一份有价值的工作。换句话说,教师这个职业对社会、对国家、对学生、对个人都是有价值的。D 老师从事教学是因为她喜欢学生,尤其是因为她喜欢在每个新学期认识新学生。D 老师看到年年遇到的新同学不断成长,看到了希望。

当 D 老师感到倦怠时,虽然她的日常工作做得很好,但她讨厌在学校,当假期结束时,她变得烦躁、沮丧和内心不平衡。即使开学了,她也讨厌去学校。D 老师虽然平时很努力,但每次她连被评的资格都没有,于是她开始怀疑自己一直以来的努力。在评估过程中,对初任老师的不公平待遇,工作得不到别人的认可,成为 D 老师倦怠的原因。另外,由于 D 老师信奉的传统的教师职业观是一种信仰,她根据教师职业观所要求的理想设定了自己的教学目标和工作目标。甚至一开始,她都认为她之所以不能在校内实现自己的目标,是因为自身的能力不足。在学校履行职责的过程中,她认识到教育不是靠自己的努力就能取得成果的。

D老师想象如果她在经历过倦怠之后自己还留在学校的情况,她觉得自己会受不了。当时有政策规定保留教职但停发工资,于是D老师按规定准备并提交了一份停薪留职的文件就进城做生意了。D老师在做生意的时候,找来与职业倦怠相关的文献或报刊,并有条不紊地阅读。通过自己的商业经历,她开始认识到教学是一项服务性工作。

8年后,重返校园的D老师,因为在教学行业有着丰富的经验,获得了很多在学校参加比赛获得荣誉证书的机会,并获得了很多在学校表现自己专业性的资格。因此,D老师在努力工作的同时,也得到了相应的回报,得到了升职,也总能听到认可自己的声音。家长群中普遍认为D老师是一位能干、能教好学生的老师。于是,对学生的学习很关心的家长,把学生转到了D老师管理的班级。学生与D老师之间保持着融洽的师生关系。对教育有浓厚兴趣,配合家长和学生促进学习的D老师自然取得了不错的成绩。良性循环让D老师彻底克服了倦怠。

另外,D老师的孩子现在已经是大学生,生活独立,学习也有自己的规划,D老师照顾家庭的时间大大减少。现在,D老师可以专心工作了。

D老师目前所在学校的教师人数约为40人。因此,与A和B老师不同,D老师不必教专业以外的科目。D老师的学校只有两位名师,其余老师的工作业绩或教学能力都处于同一水平。不配合老师的家长不知道学生每学期更换的各科老师是谁。因此,A老师和B老师学校的同行老师的无意比较在D老师的学校不存在。正因为如此,在教师人数较多的学校工作的教师不容易被家长比较和评价,工作和生活中一旦出现问题,有丰富教学经验的老师可以第一时间提供帮助。

四、E老师的职业心理经历

E老师在工作第一年的时候也经历过和A老师几乎一样的情况,所以她有了第一次职业倦怠的经历。E老师主修语言文学教育,但由于她最初所在的学校缺乏教师,已经教了10年数学。然而,当E老师调到现在工作的学校时，由于缺少老师，她不得不教语文。E 老师从来没有真正教过语文，所以她开始怀疑自己能不能教好。E 老师一边发愁，一边开始教语文。

E 老师工作的学校老师太小，所以她教的班的人数达到了 80 人。更糟糕的是，E 老师同时负责两个 80 多名学生的班级的语文课。学校行政人员在检查教师的工作表现时，没有考虑教师的实际情况和学科特点，以及学生提交作业的次数，老师检查学生作业的情况和写学生辅导经历的文件的情况都是用同样的标准来评价的。

下课后，E 老师一进教室，看到桌上堆满了一堆作业，就觉得浑身无力，筋疲力尽。检查 160 名学生的所有作业，差不多用时 12 个小时。E 老师因为同时要做行政工作，辅导与父母异地的儿童和单亲家庭的孩子心理问题，解决学生矛盾，进行心理辅导等，觉得自己实在承担不了，就去找学校的行政人员，哭着承认她一个人做不到。但校方表示，因学校缺少师资，学校也找不到解决办法，所以学校回复她说再忍一忍。E 老师工作累了，站着也能靠着墙睡着。

E 老师在一天之内完成了所有的任务，回到家后，她已经筋疲力尽，无法动弹。不过，因为是和孩子一起上学，所以即使晚上早点下班，她还要辅导孩子们学习、督促他们洗脸、哄他们睡觉，直到一天的日程结束。E 老师教了 160 个学生，她总是要先把孩子们安顿好再做自己的工作，所以她经常加班。

与 A 老师、B 老师、D 老师一样，E 老师在教师绩效考核和晋升考核中也受到了不公平对待。E 老师在用班级平均分来评价老师的工作能力时就处于非常不利的地位，因为她现在教的一个班级有 80 个学生。与小班授课的老师相比，E 老师没有时间为每个学生提供个性化的学业指导。如果要提高 80 人班的平均分，那就得使满分的人数远远多于小班的人数。尽管 E 老师的工作比其他老师多，但由于这种教师绩效评价方法，她的努力并没有体现在评价中。优秀的学生想接受更好的教育，转学到本市教学资源和师资较好的学校。E 老师表示很遗憾自己从第一学期到现在都没有教过一个优秀的学生。在评估中她的能力从来没有得到认可，所以她一直对自己的能力产生怀疑。即使在晋升考核中，年轻教师的机会比教学经验丰富的教师少。如果 E 老师没有得到这份正式的晋升评价，社会成员就无法判断 E 老师的能力水平和工作完成情况。就连 E 老师自己也因为得不到认可而对自己产生了怀疑。

当这样疲惫不堪的 E 老师与家长发生矛盾冲突被投诉时，校方无法中立化解投诉冲突，不问理由，直接责骂老师，并在投诉冲突升级前安抚不满的家长。校方首先责令老师向家长道歉。疲惫不堪的 E 老师对校方的态度感到可悲，无助感和倦怠感愈演愈烈。E 老师一个人带孩子，想通过转学的方式和丈夫转到市区的一所学校上班，但校方以师资不足为由不给她报考资格。

当一个学生在学校犯错时，E 老师不管在什么地方，都会立即责骂这个学生。责骂之后，E 老师想起最近在媒体报道中看到的有关学生纪律的负面文章，开始担心自己会受到伤害。E 老师教的学生成绩虽然不是很好，但是学生对自己的接受度很高。学生们认为 E 老师是为了他们好，所以骂他们。因此，学生们与 E 老师保持着融洽的师生关系，所以即使受到 E 老师的批评，他们也很理智地接受了。E 老师虽然对学生的行为或者反应很生气，但还是保持微笑。

不仅是 E 老师现在教的学生，还有已经毕业的学生，都会在教师节和假期的时候联系 E 老师，送上充满爱意和感恩的留言和礼物。E 老师通过学生获得了工作满足感。本学期末，全体同学拿出了印有优秀班主任的奖状，在课堂上进行了表彰仪式。通过学生的这些行为，E 老师发现学生们都知道她所付出的努力、和对他们的真诚。感谢学生们，E 老师对她的工作感到自豪和满意。

一开始，E 老师第一次经历职业倦怠，原因是教师评价不利于新手教师，缺乏自我认同。教学意识强调教师敬业精神，教师职业需要学生、家长和教师的合作。因为在新学校工作带来了希望和可能性，E 老师缓解了倦怠感。然而，这一次，E 老师因为难以承受的工作量和长期遭受的不公平所带来的怨恨而感到倦怠。E 老师疲惫不堪，然而她还是在为孩子们履行职责。

五、F 老师的职业心理经历

F 老师在工作中获得了很多荣誉证书，能力得到了认可，现在已经成长为一名身兼数职的教师。F 老师从入职之初就把学生的学业成长作为自己的工作目标，她思考是否可以在现代社会的学校领域实践，因为在中国古代，教师职业的神圣意识可能与现在的社会环境和习俗有很大的不同。按照 F 老师的教育观点，既然学生是最重要的，那么培养学生的能力、提高学生的学术能力就应该是最重要的工作目标。

F 老师的工作经验已有 22 年。在入职的第一年的学校，F 老师在学生的学业成长中取得了不错的成绩，得到了家长的认可。正因如此，当 F 老师在工作中没有取得好成绩时，她并没有怀疑自己的能力，而是认为自己没有取得好成绩的原因是自己不努力。F 老师换到她现在工作的学校后一直在努力工作。

老校长是一个民主的负责人，总是帮助老师们做事。在校长的带领下，老师也有了互相配合的习惯。校长收集了老师们关于改进学科课程的方法的意见。校长对 F 老师深入分析专业后提交的书面意见表示赞赏。得到校长等专家的认可，F 老师非常自豪。

然而，新校长来了之后，他把重心放在了自己的晋升上，而不是学校的工作上。当必须完成学校的行政任务和项目时，会召集具有丰富教学经验的教师，并向其他教师分配任务。像 F 老师这样的中年女教师，在高中时既要关注孩子的学习，又要时刻照顾因病住院的双方家长。由于工作量突然增加，F 老师感到筋疲力尽。

由于每天的工作、被安排的工作任务、孩子的学业问题、父母的健康问题、住院护理等原因，F 老师总是很匆忙，好像时间不够用一样，导致精神萎靡、失眠。奇怪的是，F 老师白天总想睡觉，可就是躺在床上也睡不着。由于学校有很多职业倦怠的老师，疲惫不堪的老师走进办公室抱怨工作分配、学生评价、教师评价、教师晋升评价、家务等。F 老师认为如果在这种环境下继续下去，她的倦怠感会更严重，所以她去教室和学生们交谈。因为小学生是天真的，对未来是抱有有希望的。F老师听了同学们未来的希望和人生目标，发现自己拥有一份很有希望的工作，对自己的工作感到很满足，因为可以帮助同学们实现梦想。

近年来，教师要培养自我保护意识，因为媒体和新闻经常报道教师遭受关系攻击和辱骂。然而，高等教育主管部门或学校管理人员认为，当学生或家长与教师发生冲突时，教师无条件有过错，并对教师进行处罚。高教主管部门和学校管理人员虽然是保护教师的组织，却没有保护教师本人。正因为如此，教师缺乏安全感，容易过度保护自己。

有配合老师的家长，也有意识到老师要对学生各方面负责的家长。学生、家长和教师之间的合作对于提高学生的成绩是必要的。当学生不做作业或故意不学习时，老师不能打学生。F老师对待学生就像对待自己的孩子一样。作为家长，孩子做错了可以打，但是老师打学生，学生和家长都会起诉老师。于是，F老师和学生们划清了界限。老师不能完全代替家长管理学生。否则，教师的工作量增加，可能与家长和学生发生矛盾，进一步加剧职业倦怠。

F老师在孩子上了大学后，以及两个经常生病住院的老人去世后，才有了空闲时间。那一刻，她终于松了口气。闲暇之余，F老师思考了教师这个职业对她来说意味着什么。有学生需要学习，就有教学工作。老师应该永远感激学生，因为教师这个职业可以保证老师的生计。

第二节 乡村女教师们的职业心理发展过程

为探究我国乡村小学女教师的职业倦怠经历，本研究选择了5名曾经经历过或正在经历职业倦怠的乡村小学女教师、1名没有职业倦怠经历的乡村男教师和2名城市教师作为研究对象，并采访了他们。通过对获得的采访数据进行多次分析，确定了92个开放性编码概念和31个次范畴，得出21个范畴。详情请见表4-1。

表 4-1　开放编码的结果

概念	次范畴	范畴	典范模型
・早起检查学生早操活动 ・帮学生准备餐食 ・解答学生晚自习时的作业问题 ・检查学生就寝时的健康状况和宿舍用电情况	处理与家长异地的学生的生活管理工作	工作量大	因果条件
・解决学生冲突 ・辅导有心理问题的学生 ・在学校生活中帮助残疾学生 ・加班检查作业 ・行政事务检查在集中的一段时间展开	教课以外的工作多		
・学校行政人员（如校长）只处理与其晋升有关的事务 ・校长等学校行政人员的自上而下的管理	因学校行政人员的领导方式增加的工作量		
・由于缺乏师资，教师既要负责主科，又要负责非主科 ・优秀学生流失 ・考试越来越强调正规课程之外的知识	教师对自己的专业性产生怀疑	缺乏对自我的认可	
・常否认我的能力和我所做的工作 ・在荣誉证书比赛中败北 ・让社会成员以荣誉证书的多少来评判我的能力	得不到他人的认可		
・教师是"烛光"，具有应该献身于教育事业的精神 ・积极奉献的理念 ・教师必须要有热情工作的意识	对教职的认识有一个理想的模板	对教职的认识有一个理想的模板	

续表

概念	次范畴	范畴	典范模型
・易怒 ・流泪 ・紧迫感 ・给自己的心浇冷水 ・郁闷 ・委屈	情绪上的变化	经历情绪上的、认知上的、身体上的、行动上的变化	现象
・前路一片漆黑 ・怀疑的感觉 ・受不了 ・无力感 ・缺乏耐心	认知上的变化		
・睡眠障碍 ・疲惫不堪 ・健康状况不佳 ・没有力气	身体上的变化		
・行为萎缩 ・放任不管 ・过度保护	行动上的变化		
・实施国培计划 ・上级教育督导部门主办的培训 ・政府和教育部门正在努力改善学校生活设施 ・国家和教育部门建设的教学设施	国家及上级教育部门的支援使得自己的教学和生活都便利	国家及上级教育部门的支援使得自己的教学和生活都便利	脉络条件
・根据班级平均考试成绩评估教师，不考虑班级学生人数和残疾学生等特征 ・通过不能完全衡量学生能力的测试来评估教师的表现 ・教师奖罚取决于班级平均考试成绩	强调相对评价的教师工作评价方式	国家及地区的评价机制在现场实施而产生的问题	
・晋升评估是通过学校文件来评估的，而不是行为 ・评估晋升时计算荣誉证书的数量 ・学校和地区的晋升名额有限 ・晋升时，需要把机会让给老教师	教师晋升评价的实施问题		

续表

概念	次范畴	范畴	典范模型
·在学校与孩子一起生活 ·学生因工作时间以外的学业/生活问题来老师家	工作和生活的分界线不明	女教师们无法找到职场和家庭中的平衡	一
·必须照顾孩子是妈妈的责任 ·为孩子的功课而操心的妈妈 ·由于家人的健康问题而倦怠的家庭主妇	女教师认为自身有义务好好照料家庭		
·包括校长在内的学校工作人员表现出凝聚力 ·学校行政人员（如校长）反映教师对教授班级和培训任务的意见 ·学校行政人员积极促进家校沟通 ·学校行政人员理解教师并保障教师的权利	学校行政人员帮助教师完成工作	学校行政人员帮助教师完成工作	中介条件
·老师只要与学生或家长发生冲突时，学校管理人员不问原因直接责骂老师	学校行政人员无法在家长和教师中保持中立来解决家校问题	学校行政人员无法在家长和教师中保持中立来解决家校问题	
·家长应经常就学生的学业和生活问题与老师联系 ·家长应在促成学生的学业进步方面与老师合作 ·家长在表达对老师的尊重的同时，会帮助老师的工作	家长积极地协助教师帮助学生解决学业和生活问题	得益于家长的积极协作使得工作便利	
·家长认为教师应对学生负全部的责任 ·由于家长不参加家长会，更不用说与他们联系，老师往往独自管理学生 ·老师要独自承担照料单亲家庭的孩子的责任 ·父母把儿童交给溺爱孙辈的爷爷奶奶	教师认为自己必须肩负所有责任	教师认为自己必须肩负所有责任	
·父母希望教学生的教师是其他教师 ·家长一边指责我，一边夸其他教师	被动地接受与同事的比较	被动地接受与同事的比较	

续表

概念	次范畴	范畴	典范模型
·师生对彼此的关怀得到满足感	教师从师生关系中获得满足感	因学生获得的职业满足感	—
·被学生的关心和体谅所感动和鼓励 ·通过学生特意准备的惊喜活动让我感到满足	自身得到学生的关怀而感觉到工作有价值		
·因为喜欢孩子而选择教师职业 ·教职稳定，适合女性	教师的入职动机	教师的入职动机	
·和经历过倦怠的老师相接触	和经历过倦怠的老师相接触	和经历过倦怠的老师相接触	
·学会忽视 ·培养耐心	面对他人的评价时，改变自身心态	教师改变个人的心态	行动/互动策略
·教学时作为专业人士存在局限性 ·在教学中认识到个人能力的局限性	即使认识到自己的不足，也积极去工作		
·离开学校一段时间 ·转去新的学校 ·从教师岗位转到行政岗位	远离教学现场	远离教学现场	
·接受具有丰富教学经验的老师的指导	向教职经历丰富的老师咨询	向教职经历丰富的老师咨询	
·如果我为学生提供学习/个人咨询，学生会认可我的辛勤工作 ·如果你对学生好，学生会公平地评价和认可你	学生公正地评价并认可我的辛苦付出而使我减轻/克服倦怠	学生公正地评价并认可我的辛苦付出而使我减轻/克服倦怠	结果
·合理设定工作目标 ·反思对待学生，倾听他们的需求，付诸实践 ·接受所有无法改变的事情	教师通过让自己的学校生活更愉快的方法来减轻/克服倦怠	教师找到让自己的学校生活变得丰富的方法从而减轻/克服倦怠	
·反思现场教学 ·参加培训学习其他优秀教师的教学方法 ·请教经验比我丰富的好老师	因我的努力使学生的学业进步而使我减轻/克服倦怠		
·教学只是常见的服务工作之一 ·我认为通过教育使孩子成为端正的人，我将达到教师职业的目的 ·教师职业保障我的生活	找到正确的教职观从而避免倦怠	找到正确的教职观从而避免倦怠	

一、工作量大

教师的工作内容复杂多样、工作量大已成为本研究中凸显的现象,其直接导致了"对生活的方方面面产生负面影响"这一研究论断。在乡村地区,小学女教师除承担教学职责外,还需负责照顾学生、处理行政工作、进行班级检查、备课以及提供咨询等多重任务。这些女教师不仅要履行教师的职业责任,更要像母亲般细心照料学生,关心他们的日常生活点滴。

鉴于乡村小学教师的特殊工作性质,他们大多居住于学校内,因此需与学生一同早起,共同进行早操和活动。与学生共进早餐后,女教师们便正式开启了忙碌的一天。她们在学生心中既是敬爱的老师,又是慈爱的母亲。然而,在执行复杂多样的工作任务时,由于多重角色冲突,女教师们往往对自己的角色身份感到困惑和迷茫。

(一)因有住校学生而增加的生活管理工作

鉴于乡村儿童住在学校宿舍的普遍情况,父母不在身边,女教师们不仅承担着教师的职责,更扮演着父母的角色。她们每天清晨便早早起床,组织并监督各个年级的学生在操场上集合,进行早操及日常活动。在此过程中,女教师们始终保持高度警惕,确保学生的安全,防止任何安全事故的发生。

用餐时间来临,女教师们会协助准备学生的餐食,确保每个学生都能得到充足的营养。对于那些因身体原因无法自行进食的学生,她们更是悉心照料,准备特殊的餐食并亲自喂食。此外,她们深知小学生活泼好动的天性,因此在用餐期间会严密监督,确保学生们能够专心用餐,避免浪费食物或发生其他意外。

晚自习时,女教师们会耐心解答学生在作业和课程内容上遇到的问题。由于学生们整天住在学校,晚上需要有一个安静的学习环境,因此开设晚自习成为了必然。女教师们会在教室里陪伴学生一起学习,既能答疑解惑,又能确保学生的安全。

晚自习结束后,学生们会回到宿舍洗漱休息。这时,女教师们会再次进入宿舍,检查学生的就寝情况。她们会细心查看学生是否盖好被子,是否关闭电器,以确保学生的安全和舒适的就寝环境。同时,她们也会关注学生的身体状况,一旦发现异常,便会及时采取措施,确保学生得到及时的照顾和治疗。

(1) 早起检查学生早操活动。(A老师、B老师、D老师、E老师、F老师)

(2) 帮学生准备餐食。(A老师、B老师、D老师、F老师)

(3) 解答学生晚自习时的学业问题。(A老师、B老师、D老师、E老师、F老师)

(4) 检查学生就寝时的健康状况和宿舍用电情况。(A老师、B老师、D老师、E老师、F老师)

乡村小学女教师们的工作繁重而琐碎,但她们始终坚守岗位,尽职尽责。她们为乡村儿童的成长和教育事业做出了巨大的贡献。

(二)教课以外的工作负担繁重

当学生们之间发生矛盾冲突时,女教师们需要耐心倾听各方叙述,公正客观地解决问题,并及时与家长沟通反馈。

在乡村地区,由于特殊学校的缺失,女教师们还需摸索方法,精心照料特殊儿童,为他们提供个性化的教学方案。为预防特殊儿童出现心理问题,女教师们需时常给予他们特别的关爱与帮助,确保他们能够在健康的环境中成长。

此外,尽管学校有专门负责行政工作的老师,但由于一些个人文件需要本人填写,且必须在规定的截止日期前完成,这使得女教师们在日常教学之外,还需投入大量时间处理行政工作,进一步增加了她们的工作负担。

(1) 解决学生冲突。

在班级管理中,我注意到某些学生间的微妙关系。例如,我班的一位女生在班级中拥有较高的话语权,作为班长,她得到了其他学生的广泛认同,但部分同学似乎对她心存敬畏。为了营造和谐的班级氛围,我鼓励其他学生积极参与班级管理,表达自己的想法。我通过奖励机制,如给表现好的学生颁发星星,激发他们参与班级管理的积极性。(A老师)

我曾处理过一起学生间的冲突事件。一位女学生因家庭压力而情绪紧张，在体育课上与几名男生发生争执。在了解情况后，我及时与多位学生及其家长沟通，促使他们相互道歉，最终化解了矛盾。（E老师）

(2) 辅导有心理问题的学生。

对于那些与父母分居或来自单亲家庭的孩子，他们往往因缺乏父母的关爱而容易出现心理问题。这些孩子性格内向，不愿与人交流。为了有效解决他们的心理问题，我努力走进他们的内心世界，引导他们敞开心扉。这并非易事，有时他们会对我撒谎，但当我用真诚和耐心赢得他们的信任后，他们会向我吐露心声。（A老师、D老师）

作为一名教师，我深感自己在儿童心理学和发展心理学方面的知识储备不足。有时面对学生的异常行为，我会感到困惑不解。对于那些与父母分居或来自单亲家庭的孩子，他们的孤独和沉默让我深感忧虑。此外，随着高年级学生逐渐进入青春期，他们的心理变化更加复杂，需要我们更加细心地观察和沟通。（B老师、E老师）

面对这些挑战，乡村小学女教师们彰现出了坚韧不拔的精神和无私奉献的品质。她们以爱心和耐心对待每一位学生，以专业和敬业的态度完成每一项工作任务。她们为乡村教育事业的发展做出了积极的贡献。

(3) 在学校生活中帮助特殊学生。

在乡村地区，由于特殊学校的缺乏，我们作为乡村小学女教师需要承担起照顾特殊学生的责任。这些特殊学生在日常生活和学习中会遇到许多困难，需要我们耐心细致地帮助他们。例如，有的特殊学生行动不便，需要我们协助他们进行学校活动、上厕所等；有的特殊学生听力受损，需要我们关注他们的助听器等辅助设备是否完好，防止在与同学玩闹时发生意外。尽管这些工作琐碎而繁重，但我们始终坚守岗位，用爱心和耐心守护着每一位特殊学生。（E老师）

(4) 加班检查作业。

检查作业是我们日常工作中的一项重要任务。为了确保学生的学习成果得到及时有效的反馈，我们需要花费大量时间批改作业。这不仅是对学生学习成果的检验，也是我们了解学生学习情况、调整教学方法的重要途径。尽管加班检查作业会让我们感到疲惫，但我们始终坚守职责，认真完成每一项批改任务。(A 老师、B 老师、D 老师、E 老师、F 老师)

(5) 行政事务检查。

除了教学任务外，我们还需要应对行政事务的检查。这些工作通常需要在一段时间内集中完成，如填写个人文件、准备迎检材料等。这使我们的工作负担进一步加重，需要我们在有限的时间内高效地完成各项工作。尽管行政事务检查会给我们带来一定的压力，但我们始终保持着积极的心态，努力克服困难，确保工作的顺利进行。(A 老师、B 老师、E 老师、F 老师)

(三) 因学校行政人员错误的领导方式增加的工作量

乡村小学女教师在日常工作中，除了教学任务外，还需应对因学校行政人员错误的领导方式而产生的额外工作量。这种领导方式往往导致教师工作负担加重，彼此缺乏信任与合作，甚至影响到教师的专业成长和自我认同。

首先，一些学校行政人员在处理教师与家长之间的矛盾时，往往无条件地站在家长一方，对教师进行批评。这种不分青红皂白的处理方式，让教师感到冤屈和不公，同时也破坏了教师与学校管理人员之间的信任关系。当教师感到自己的权益无法得到保障时，他们可能会对工作产生抵触情绪，影响教学质量。

其次，学校行政人员常采用自上而下的管理方式，给教师下达指令，不关心教师的想法和意见。这种管理方式让教师感到自己只是执行任务的工具，缺乏参与感和归属感。在这种环境下，教师往往因为没有人或措施来保护她们而缺乏安全感，容易出现过度保护学生的情况。

此外，一些学校行政人员过于关注个人的晋升和行政表现，忽视了学校的整体发展和教师的专业成长。他们只处理与自己晋升有关的事务，对于教师的教学工作和专业发展缺乏关心和支持。这种态度让教师感到自己的付出得不到认可，影响了他们的工作积极性和专业发展动力。

(1) 学校行政人员（如校长）的工作重点有问题。(E 老师、F 老师)

(2) 校长等学校行政人员的管理方式有问题。(F 老师)

因此，改善学校行政人员的领导方式对于减轻乡村小学女教师的工作负担、促进教师与学校之间的信任与合作、提高教师的教学质量和专业发展水平具有重要意义。学校应该建立更加民主、开放的管理机制，充分听取教师的意见和建议，关注教师的专业发展需求，为教师创造一个良好的工作环境和成长平台。

二、职业发展的问题与境遇

中国乡村的小学女教师在职业发展中普遍面临着缺乏对自我认可的困境。这种困境不仅影响了她们的工作积极性和职业发展动力，还可能对她们的个人成长和心理健康产生负面影响。

当陷入这一困境时，乡村小学女教师需要学会调整自己的心态和期望值。她们应该认识到，每个人的成长和发展都是一个长期的过程，不可能一蹴而就。在职业发展中遇到困难和挫折时，要学会保持积极的心态和乐观的情绪，相信自己有能力克服一切困难并实现自我价值。

总之，缺乏对自我的认可是乡村小学女教师在职业发展中面临的一个重要问题。通过提升专业素养、寻求社会支持以及调整心态和期望值等途径，她们可以逐渐克服这一困境，实现自我价值和职业发展目标。

（一）教师对自己的专业性产生怀疑

在乡村小学的教学环境中，女教师们经常面临对自己专业性的怀疑。这种怀疑主要源于几个方面：

首先，由于师资短缺，乡村小学女教师常常需要跨学科教学，不仅要负责主科的教学，还要承担非主科的教学任务。这种跨学科的教学方式使得女教师们对自己的专业性产生了怀疑。她们担心自己可能无法全面、深入地理解并教授非自己专业领域的内容，从而影响了教学质量和学生的学习效果。

其次，优秀学生的流失也让女教师们对自己的教学能力产生了怀疑。当优秀学生转学到城市学校或其他更好的学校时，女教师们可能会感到自责和失落，认为自己没有尽到教育好学生的责任。这种自责感也让她们对自己的专业性产生了怀疑，也影响了她们的教学信心和积极性。

最后，考试内容和形式的改变也让女教师们感到困惑和不安。随着教育改革的深入，考试越来越强调正规课程之外的知识，注重对学生综合能力的考察。这种变化让女教师们感到力不从心，担心自己无法适应新的考试要求，也无法有效地指导学生备考。这种担忧进一步加剧了她们对自己专业性的怀疑。

（1）教师需要兼顾本专业教学与其他课程教学。(A 老师、B 老师、D 老师、E 老师、F 老师)

（2）优秀学生转学的问题。(A 老师、B 老师、D 老师、E 老师、F 老师)

（3）考试越来越强调正规课程之外的知识。(A 教师、B 教师、D 老师、E 老师、F 老师)

为了消除乡村小学女教师对自己专业性的怀疑，我们可以采取以下措施：

首先，加强师资培训，提高女教师们的教学水平和专业素养。通过定期的培训和学习，她们能掌握更多的教学技能和知识，增强教学信心和能力。

其次，建立合理的评价机制，关注女教师们的个人成长和进步。在评价教师时，不仅要注重学生的考试成绩，还要关注教师的教学过程、教学方法和教学效果等方面，给予她们充分的认可和肯定。

最后，加强家校合作，增进家长对女教师们的理解，获得他们对教学工作的支持。通过家校沟通和合作，让家长了解女教师们的教学付出和努力，消除他们的疑虑和误解，共同为学生的成长和发展创造良好的环境。

总之，乡村小学女教师对自己的专业性产生怀疑是一个普遍存在的问题。我们需要从多个方面入手，加强培训、建立合理的评价机制、加强家校合作等，帮助她们增强教学信心和能力，提高教育教学质量。

（二）对教职的认识有一个理想的模板

乡村小学女教师们从小在传统文化和社会意识的熏陶下，对教师职业怀有一种神圣而崇高的认识。她们认为教师是"烛光"，应该怀着奉献的决心，照亮学生的成长之路。这种对教师职业的理想化认知，使她们在入职之初充满激情和热情，愿意为学生的学业和未来付出一切。

然而，随着教学工作的深入，女教师们逐渐发现，教师职业并非仅仅是奉献和牺牲，它也是一种专业工作，需要不断地学习和成长。她们开始意识到，教育并非一蹴而就，而是需要耐心和智慧的长期过程。在这个过程中，她们逐渐从理想化的教师形象中走出来，开始以更加现实的态度看待自己的职业。

同时，女教师们也认识到，除了为学生的成长付出努力外，她们作为社会的一员，还需要通过工作保障自己的生活。她们开始意识到，教师职业不仅是一份崇高的事业，也是一份需要付出努力和智慧的工作。

尽管女教师们对教职的认识变得更为深刻，但她们仍然保持着对教育事业的热爱和奉献精神。她们每天都满怀激情地工作，积极准备课堂的教学内容和课后的辅导，努力满足社会成员对教师的期望。她们相信，通过自己的努力和付出，能够为学生的成长和未来做出贡献。

（1）教师是"烛光"，应该具有献身于教育事业的意识。

从小通过媒体的报道、养成的传统文化价值观、父母和亲戚的故事，我一直认为教师是一种神圣的职业，是一种需要为学生奉献的职业。（A老师、B老师、E老师、F老师）

不知道是不是受到传统文化价值观或社会大众意识的影响，我一直认为教师是一种神圣使命的职业，教师应该像烛光一样致力于照亮别人的生活。（D老师）

（2）始终秉持积极奉献的理念。

如果你是一名教师，当然要热情地为学生服务。我甚至没有考虑过自己会得到什么。如果学生需要，我会尽我所能。（A老师、B老师、D老师、E老师、F老师）

（3）教师必须要热情地开展工作。

当我处于教学现场时，我每天都感到精力充沛。我没有消极地度过一天。我每天都满怀激情地工作，自己做了大量的准备，如果对学生有帮助，我会努力去发现并付诸实践。这样我就可以实现我的价值。我不认为我是在浪费时间，而且我每天都在这样做。（A老师、B老师、D老师、E老师、F老师）

为了支持乡村小学女教师更好地认识和定位自己的职业，我们可以采取以下措施：

首先，加强教师职业培训和引导，帮助她们建立正确的职业认知和价值观。通过培训和学习，她们能了解教师职业的特点和要求，掌握教育教学的专业知识和技能，增强自信心和成就感。

其次，建立良好的教育生态和工作环境，为教师提供必要的支持和保障。包括提高教师的待遇和福利、改善工作条件、减轻工作压力等，让她们能够更加专注于教育教学工作。

最后，加强社会宣传和教育，提高社会对教师的认知和尊重度。通过媒体宣传、社会活动等方式，展示教师的辛勤付出和成果，让更多的人了解教师工作的重要性和价值，增强教师的社会地位和影响力。

综上所述，乡村小学女教师们对教职的认识经历了一个从理想化到现实化的转变过程。我们需要通过培训、引导和社会支持等方式，帮助她们更好地认识和定位自己的职业，发挥她们的专业能力和奉献精神，为学生的成长和未来做出更大的贡献。

（三）经历情绪上的、认知上的、身体上的、行动上的变化

在我国乡村小学，女教师们经常面临多重压力，这些压力不仅来自教学工作本身，还来自与学生、家长、学校管理者以及社会成员之间的互动。长期承受这些压力，女教师们往往会出现职业倦怠的现象，具体表现为情绪、认知、身体和行动上的多方面变化。

情绪上的变化尤为明显。女教师们常常感到烦躁、易怒，对工作充满抵触情绪。她们可能会因为一些小事而生气，甚至一想到要去学校就感到烦恼。当面对困难和挑战时，她们往往缺乏耐心，容易变得不耐烦。此外，女教师们还可能会感到委屈和沮丧，觉得自己的工作得不到足够的认可和理解。这种情绪上的变化不仅影响了她们的工作状态，也对她们的身心健康造成了负面影响。

在认知上，女教师们可能会出现思维僵化、缺乏创新的情况。她们可能会觉得自己的教学理念和方法已经过时，无法适应新的教育环境和学生需求。同时，她们也可能会对自己的能力产生怀疑，认为自己无法胜任教学工作。

这种认知上的变化会导致女教师们在教学上缺乏自信和动力，进一步加剧职业倦怠的现象。

在身体上，女教师们可能会感到疲惫不堪，甚至出现一些健康问题。长期的工作压力和情绪紧张可能导致她们出现失眠、头痛、胃痛等症状。此外，由于长时间站立或坐着进行教学工作，她们还可能会患上一些与职业相关的疾病，如颈椎病、腰椎病等。

在行动上，女教师们可能会变得马虎、敷衍了事。她们可能会对工作失去热情，不再像以前那样认真备课、批改作业。在与学生和家长的沟通中，她们也可能会变得冷漠和疏离，不再愿意花时间和精力去深入了解学生的需求和问题。

情绪方面：

（1）易怒。（A 老师、B 老师、D 老师、F 老师）

（2）难过。（E 老师）

（3）紧迫感。（A 老师、B 老师、D 老师、E 老师、F 老师）

（4）寒心。（A 老师、E 老师）

（5）郁闷。（A 老师、B 老师、E 老师、F 老师）

（6）委屈。（A 老师、B 老师、E 老师）

认识方面：

（1）前路一片漆黑。（A 老师、D 老师、E 老师、F 老师）

（2）怀疑的感觉。（A 老师、B 老师、D 老师、E 老师、F 老师）

（3）无力感。（D 老师、E 老师、F 老师）

（4）缺乏耐心。（A 老师、B 老师、E 老师）

身体方面：

（1）睡眠障碍。（D 老师、F 老师）

（2）疲惫不堪。（A 老师、B 老师、E 老师）

（3）健康状况不佳。（E 老师）

（4）没有力气。（A 老师、B 老师、E 老师）

行为方面：

(1) 行为萎缩。(A 老师，B 老师、D 老师，E 老师、F 老师)

(2) 放任不管。(A 老师、B 老师、E 老师)

(3) 过度保护。(E 老师、F 老师)

为了缓解乡村小学女教师的职业倦怠现象，我们需要从多个方面入手。

首先，学校和社会应该给予女教师们更多的支持和理解，减轻她们的工作压力和心理负担。其次，学校可以组织一些培训和学习活动，帮助女教师们更新教学理念和方法，提高她们的专业素养和教学能力。最后，女教师自己也需要学会调整心态，保持积极乐观的态度，寻找适合自己的应对压力的方法。

综上所述，乡村小学女教师们经历情绪、认知、身体和行动上的变化是职业倦怠现象的具体表现。我们需要通过多方面的努力来缓解这一现象，为女教师们创造一个更加和谐、支持的工作环境，让她们能够更好地发挥自己的专业能力和价值。

（四）国家及上级教育部门的支援使得乡村教师的教学和生活更便利

国家及上级教育部门对乡村教育的重视和支持，为广大乡村教师带来了前所未有的便利和机遇。这些举措不仅改善了乡村学校的教学和生活设施，还提升了教师的专业素养和教学能力，从而在一定程度上缓解了教师的职业倦怠感。

首先，国家及上级教育部门通过实施国培计划，为乡村教师提供了专业的培训机会。这一计划涵盖了面授和远程授课等多种形式，使教师能够根据自己的实际情况选择适合的培训方式。通过参加培训，教师们不仅学到了最新的教育理念和教学方法，还得以与名师进行交流和互动，拓宽了视野，提升了专业素养。

其次，上级教育督导部门也定期举办各类培训活动，为乡村教师提供了更多的学习机会。这些培训通常针对各个学科领域，教师们可以根据自己的专业需求进行申请。通过培训，教师们不仅能够提升自己的教学水平，还能够与同领域的名师进行交流和合作，共同推动乡村教育的发展。

最后，政府和教育部门还投入大量资金改善乡村学校的生活设施和教学设施。新建的宿舍楼、改善的生活设施以及先进的多媒体教室等，都为教师们提供了一个更加舒适和便捷的工作环境。这些设施的改善不仅提高了教师们的生活质量，也使他们能够更加专注于教学工作，提升教学质量。

在国家及上级教育部门的支持下，乡村女教师们感受到了前所未有的关怀和支持。她们的教学和生活条件得到了显著改善，职业倦怠感也得到了一定程度的缓解。她们更加有信心和动力投入到乡村教育事业中，为乡村孩子们的未来贡献自己的力量。

（1）开展国培计划。

我参加过国培计划。国培计划是国家针对中小学教师特别是乡村中小学教师开展的培训项目。我之前接受过远程教育培训，我校曾有一位老师在假期到国家指定的大学参加培训。（A老师）

我曾经参与过国培计划。国培计划既可以通过远程教育接受培训，也可以参加现场短期强化培训。在培训期间，我学到了很多专业理论和实践指导方案。（B老师）

（2）上级教育督导部门主办的培训。

上级教育主管部门经常进行对我们进行针对性的培训。教师通常可以申请对应专业的培训。我很高兴可以通过培训学习如何教授我的专业课程，并有机会与同领域的名师交流。（A老师、B老师、D老师、E老师、F老师、G老师、H老师）

（3）政府和教育部门正在努力改善学校生活设施。

刚来的时候，下雨天房间里漏着雨。那时候，我觉得很不习惯。现在，在国家部门和地方政府的支持下，我们新建了宿舍楼。（A老师）

刚来的时候，学校的生活设施真的很简陋。但是现在，学校的生活设施已经完全变了。国家在这方面投入很大。（B老师）

在国家的支持下，我校的校园生活设施得到了改善。现在生活方便了。（E老师）

（4）国家和教育部门建设的教学设施。

现在，每个教室都安装了多媒体，可以在课堂上使用电脑进行授课。如

果这节课需要讲的内容都讲完后还有时间的话,我就找一部电影播放给孩子看。(B 老师)

近年来,像我们这样一个偏远山村的学校,每个教室都安装了多媒体。我们可以通过互联网在教师资源中心找到很多教材。国家和教育部等部门正在大力推进教育数字化。(A 老师)

我们把所有的教室都改成了多媒体教室,就像市里的学校一样。国家真的很支持教育事业的发展,投入很大。(E 老师)

然而,尽管有了这些支持和改善,乡村女教师们仍然面临着一些挑战和困难。因此,我们需要继续加大对乡村教育的投入和支持,为乡村教师们创造更加良好的工作环境和发展机会,让她们能够更好地发挥自己的专业能力和才华,为乡村教育事业的繁荣发展做出更大的贡献。

(五) 国家及地区的评价机制在现场实施而产生的问题

尽管国家及地区的教育评价机制在提升教育质量方面起到了积极的作用,但在现场实施过程中也暴露出了一些问题。这些问题不仅影响了教师的工作积极性,也增加了教师的职业倦怠感。

1. 奖惩评价实施的问题

首先,现行的评价机制过于强调相对评价,即根据班级平均考试成绩对教师进行排名和奖惩。这种评价方式没有充分考虑到教师的个体差异和专业发展,也没有考虑到不同班级和学生之间的差异。例如,一些教师可能面临着学生人数众多、学生基础薄弱等困难,但他们的努力在单一的考试成绩面前往往得不到充分的认可。这种不公平的评价方式让教师感到沮丧和失望,打击了他们的工作积极性。

其次,现行的评价机制没有充分考虑到学生的全面发展。在评价过程中,往往只关注学生的笔试成绩,而忽略了学生的口语表达能力、创新能力和实践能力等重要素质。这导致教师在教学过程中过分追求考试成绩的提高,而忽视了对学生全面素质的培养。这种单一的评价方式不仅不利于学生的全面发展,也让教师在面对复杂的教学任务时感到力不从心。

最后,奖惩制度的不合理也增加了教师的职业倦怠感。根据班级平均考试成绩对教师进行奖惩，使得一些教师即使付出了巨大的努力，也可能因为所教班级的整体成绩不佳而受到惩罚。这种奖惩制度不仅缺乏公平性，也缺乏对教师辛勤工作的尊重和认可。

（1）根据班级平均考试的成绩评估教师。（E老师、F老师）

（2）通过不能完全衡量学生能力的测试来评估教师的表现。（A老师、F老师）

（3）教师奖罚取决于班级平均考试成绩。（A老师、B老师、D老师、E老师、F老师）

为了解决这些问题，我们建议对现行的评价机制进行改革和完善。首先，应该建立更加公平、合理的评价体系，充分考虑教师的个体差异和专业发展，以及不同班级和学生之间的差异。其次，应该注重学生的全面发展，将多种评价方式相结合，全面评价学生的综合素质。最后，应该建立更加人性化的奖惩制度，尊重教师的辛勤工作，给予他们应有的认可和奖励。

总之，改革和完善评价机制是缓解教师职业倦怠的重要举措之一。我们应该努力营造一个公平、合理、人性化的教育环境，让教师能够充分发挥自己的专业才能，为学生的全面发展贡献自己的力量。

2. 教师晋升评价实施的问题

教师晋升评价是教师职业发展的重要环节，然而在实际操作中，却存在诸多问题，这些问题不仅影响了教师的晋升机会，也增加了教师的职业倦怠感。

首先，尽管乡村教师在晋升时不再被要求撰写论文和著作，以减轻其负担，但在实际操作中，晋升评价往往过分依赖于书面材料。这导致一些教师过于注重书面文件的编写，而忽视了实际教学工作的投入。对于真正投入教学、关心学生的教师来说，他们的辅导行为如果没有书面记录，就可能被视为不存在，这无疑是对他们工作的不公平评价。

其次，晋升评价中的荣誉证书数量成为了一个重要的衡量标准。然而，荣誉证书的分配往往受到多种因素的影响，如学校政策、教师关系等，而非完全基于教师的教学能力和成果。这导致一些优秀的教师可能因为缺乏荣誉证书而错失晋升机会，而一些善于处理人际关系的教师则可能因此受益。这种评价方式显然存在不公平和不合理的情况。

最后，教师晋升评价中还存在主观性过强的问题。由于评价过程往往由学校管理层或上级部门主导，他们的主观印象和偏好往往会对评价结果产生重要影响。这可能导致一些真正优秀的教师因为与管理层关系不佳而失去晋升机会，而一些表现平平的教师则可能因为与管理层关系融洽而得到晋升。这种主观性的评价方式不仅缺乏公正性，也损害了教师的积极性和工作热情。

（1）晋升评估是通过学校文件来评估的，而不是行为。（A 老师、F 老师）

（2）评估晋升时计算荣誉证书的数量。（A 老师、B 老师、E 老师、G 老师、H 老师）

为了解决这些问题，我们需要对教师晋升评价制度进行改革和完善。首先，应该建立更加公正、客观的评价标准，注重教师的教学能力、工作成果和师德师风等方面的表现。其次，应该加强评价过程的透明度和公开性，确保评价结果的公正性和可信度。最后，应该建立健全的申诉机制，允许教师对不公正的评价结果进行申诉和维权。

总之，教师晋升评价是教师职业发展的重要环节，我们应该努力完善评价制度，确保评价结果的公正性和合理性，从而激发教师的工作热情和积极性，促进教师职业的健康发展。

（六）女教师们无法找到职场和家庭中的平衡

女教师们在职场和家庭之间寻找平衡的过程中，往往面临着诸多挑战和困境。由于女性特有的社会角色和家庭责任感，她们在职业生涯中需要付出更多的努力来平衡工作与生活。

首先，女教师们普遍具有强烈的家庭依恋和照顾家庭的家庭现象。尤其是结婚生子后，她们的重心更多地放在了养育孩子上。这使得她们在工作时总是担心孩子，生怕孩子出现问题。这种担忧和牵挂无疑增加了她们的工作压力和心理负担。

其次，女教师们在职场中往往扮演着多重角色。她们不仅是教师，还是家庭的照顾者、孩子的教育者。这种多重角色的转换使得她们很难在工作和生活中找到明确的分界线。她们需要在工作之余处理家务、照顾家人，同时还要应对工作中的各种挑战和压力。这种角色冲突使得女教师们很难在职场和家庭之间找到平衡。

最后，乡村教师的特殊工作环境也增加了女教师们寻找平衡的难度。由于乡村学校通常条件较为简陋，教师住校现象普遍，这使她们的工作和生活空间几乎重合。没有明确的上下班时间，学生随时可能来寻求帮助或咨询问题，这使得女教师们很难在工作和生活之间划定清晰的界限。

（1）在学校与孩子一起生活。（B老师、E老师）

（2）学生在工作以外的时间因学业/生活问题来我家。（A老师、B老师）

为了解决这些问题，我们需要从多个方面入手。首先，学校和社会应该给予女教师们更多的理解和支持。在晋升评价、工作安排等方面充分考虑她们的特殊需求和困难，为她们创造更加宽松和友好的工作环境。其次，女教师们自身也需要学会调整心态和角色定位。她们可以通过合理规划时间、寻求家人支持、培养兴趣爱好等方式来缓解工作和家庭带来的压力。最后，我们还需要推动社会文化的变革，消除对女性角色的刻板印象和偏见，让女性能够在职场和家庭中更加自由地选择和发挥自己的能力。

总之，女教师们在职场和家庭之间寻找平衡是一个复杂而艰巨的任务。我们需要从多个方面入手，为她们提供支持和帮助，让她们能够在职业生涯中更好地发挥自己的能力和潜力。

（七）学校行政人员帮助教师完成工作

在学校这个大家庭中，行政人员与教师之间的合作与沟通显得尤为重要。当学校行政人员，特别是校长，能够主动帮助教师完成工作，积极听取并采纳教师的意见和建议时，学校便能够营造出一种和谐、融洽的工作氛围。

首先，学校行政人员的支持和帮助有助于教师更好地履行职责。当教师在教学或班级管理中遇到困难时，行政人员的及时介入和协助往往能够化解难题，让教师感受到团队的力量和温暖。这种支持不仅减轻了教师的工作压力，还激发了他们的工作热情，使他们能够更加专注于教学和学生成长。

其次，学校行政人员通过征求教师的意见来制定决策，有助于增强教师的归属感和主人翁意识。当教师发现自己的声音被重视，自己的建议被采纳时，他们会更加积极地参与到学校的各项工作中来，为学校的发展贡献自己的力量。这种民主、开放的决策方式也有助于提高学校的凝聚力和向心力。

最后，学校行政人员还能够通过自身的言行和管理理念来营造学校的文化氛围。一个具有领导力的校长能够带领学校走向正确的发展方向，激发教师的创新精神和工作热情。同时，行政人员的公正、公平、公开的管理方式也能够赢得教师的信任和尊重，为学校的稳定和发展打下坚实的基础。

（1）包括校长在内的学校工作人员表现出凝聚力。（A老师、F老师）

（2）学校行政人员（如校长）反映教师对教授班级和培训任务的意见。（A老师、B老师、D老师）

总之，学校行政人员帮助教师完成工作是一种积极的工作方式，有助于营造和谐的工作氛围，提高教师的工作满意度和归属感，促进学校的整体发展。

(八) 得益于家长的积极协作

家长的积极协作对于教师的工作和学生的成长都起到了至关重要的作用。当家长能够主动地与教师沟通，共同解决学生在学业和生活中的问题时，不仅为教师的工作带来了便利，也为学生创造了一个更加良好的学习和成长环境。

首先，家长的积极协作使得教师能够更全面地了解学生的情况。通过与家长的频繁交流，教师可以了解到学生在家庭中的生活习惯、性格特点以及兴趣爱好等信息，从而更好地制定教育方案，因材施教。同时，家长也能够及时了解学生在学校的学习情况和表现，与教师、学生共同制订学习计划，促进学生的学业进步。

其次，家长的积极协作有助于形成家校之间的良好合作关系。当家长尊重并信任教师时，他们会更加愿意配合教师的工作，支持学校的教育教学活动。这种合作关系不仅能够增强教师的工作信心和积极性，也能够提升家长的教育意识和责任感，共同为学生的成长和发展贡献力量。

最后，家长的积极协作还能够增强学生的自信心和学习动力。当学生看到家长和教师为了他们的成长而共同努力时，他们会感到被关爱和重视，从而更加珍惜学习机会，努力学习，争取取得更好的成绩。同时，家长和教师的合作也会让学生更加信任教师，尊重教师的意见和建议，形成更加和谐的师生关系。

（1）家长应经常就学生的学业和生活问题与老师联系。（A 老师、B 老师、D 老师、E 老师、F 老师）

（2）家长应在促成学生的学业进步方面与老师合作。（A 老师、D 老师、E 老师）

（3）家长在表达对老师的尊重的同时，会帮助老师的工作。（B 老师、D 老师）

在我们的实践中，许多家长都能够积极地与教师协作，共同解决学生在学业和生活中的问题。他们通过参加家长会、与老师进行电话沟通、参与学校的教育活动等方式，与教师建立了紧密的联系和合作关系。这种积极协作不仅为教师的工作带来了便利，也为学生的成长和发展奠定了坚实的基础。

然而，我们也应该意识到，每个家庭的情况都是不同的，有些家长可能由于各种原因无法与教师进行充分的沟通和协作。在这种情况下，教师需要更加主动地与家长建立联系，了解他们的需求和困难，并尽可能地提供帮助和支持。同时，学校也应该加强对家长的教育和引导，提高他们的教育意识和责任感，促进家校之间的良好合作。

总之，家长的积极协作对于教师的工作和学生的成长都具有重要的意义。我们应该珍惜这种合作关系，加强家校之间的沟通和交流，共同为学生的未来而努力。

（九）教师认为自己个人必须肩负所有责任

在教育领域中，教师扮演着至关重要的角色，他们负责传授知识，引导学生成长。然而，有时教师会过于强调个人责任，认为自己必须负责所有与学生相关的问题。这种观念不仅给教师带来了沉重的心理负担，也可能导致他们在工作中遇到一些不必要的困扰。

在现实生活中，学生的成长和进步是一个复杂的系统工程，涉及家庭、学校、社会等多个方面。尽管教师在学生教育中扮演着重要角色，但他们并不是唯一的责任人。家长作为学生成长的第一责任人，应该积极参与学生的教育过程，与教师共同协作，促进学生的全面发展。

然而，有些家长却将学生的教育责任完全推给教师，认为只要将学生送到学校，教师就应该对学生的所有问题负责。这种观念不仅不符合教育规律，也加重了教师的心理负担。当家长将责任完全推给教师时，教师可能会感到无助和沮丧，因为他们无法单独解决所有问题。

此外，一些特殊家庭情况也给教师的工作带来了挑战。例如，单亲家庭的孩子可能因为缺乏父爱或母爱而产生心理问题；一些家长将孩子交给溺爱孙辈的爷爷奶奶抚养，导致孩子在学习和成长上出现问题。对于这些情况，教师需要更加关注学生的心理需求，但同时也需要家长的理解和配合。如果家长不配合，教师的工作难度会大大增加。

（1）家长们认为教师应对学生负全部责任。（A老师、B老师、E老师、F老师）

（2）家校社协同育人需三方鼎力合作。（A老师、E老师、F老师）

（3）你要独自承担照料单亲家庭的孩子的责任。（A老师、B老师、D老师、E老师）

（4）父母把儿童交给溺爱孙辈的爷爷奶奶。（A老师、B老师、D老师、E老师、F老师）

因此，教师应该认识到，学生的教育是一个需要多方协作的过程。他们应该积极与家长沟通，争取家长的支持和配合，共同为学生的成长努力。同时，教师也应该学会调整自己的心态，不要过于强调个人责任，而是要与同事、家长、学生等多方共同合作，共同解决教育过程中遇到的问题。

（十）被动地接受与同事的比较

在教育领域，同事之间的竞争与合作是普遍存在的现象。适度的竞争可以激发教师的积极性和创新精神，但过度的比较却可能带来负面影响。当教师被动地接受与同事的比较时，他们可能会感到压力重重，甚至影响到自己的工作状态和职业发展。

家长和学生往往会对教师进行比较和评价,这种比较可能来源于对教师教学方法、管理能力、教育成果等多个方面的观察。然而,这种比较并不总是客观的,有时会受到家长个人偏见、学生主观感受等因素的影响。当家长比较过去和现在教学生的老师,甚至在没有完全了解对方的情况下就批评现在的老师时,教师可能会感到委屈和不满。

此外,同事之间的比较也可能导致教师之间的关系紧张。在一些小型乡村学校,由于教师数量有限,彼此之间的了解和比较更加充分和直接。当家长在批评某位教师的同时夸奖其他教师时,被批评的教师可能会感到自尊心受损,进而影响到同事之间的合作关系。

面对这种情况,教师首先需要调整自己的心态。他们应该认识到,每个教师都有自己的优点和不足,比较并不是评价一个教师价值的唯一标准。教师应该专注于自己的工作,努力提升自己的专业素养和教学能力,而不是过分关注他人的评价。

同时,学校也应该为教师创造一个良好的工作环境和氛围。学校可以通过组织教师交流、分享经验、合作研究等活动,促进教师之间的合作与成长。此外,学校还可以建立公正、透明的评价机制,让教师能够在公平竞争中发挥自己的优势,实现个人价值。

(1) 父母希望教学生的老师是其他老师。(A 老师、B 老师)

(2) 家长一边指责我,一边夸其他老师。(D 老师)

总之,教师应该以积极的心态面对同事之间的比较,通过不断提升自己的专业素养和教学能力来赢得家长和学生的认可。同时,学校也应该为教师创造一个良好的工作环境和氛围,促进教师之间的合作与成长。

(十一) 教师从师生关系中获得满足感

在教育工作中,师生相处的过程不仅仅是传授知识的过程,更是一段充满情感的成长旅程。这段旅程中,教师不仅扮演着教育者的角色,更成为了学生心灵的引路人和朋友。而这种深厚的师生情谊,也为教师带来了深深的满足感。

教师们在日复一日的教学工作中，用心关爱着每一位学生。他们不仅在学业上给予指导，更在生活、心理等方面给予关心和支持。这种全方位的关怀让学生感受到了温暖，也让他们学会了如何去关爱他人。学生们知道，老师的付出是无私的，他们用自己的行动回报着老师的爱。这种双向的关爱与付出，让师生之间的关系更加紧密，也让教师从中获得了满足感。

在特殊的日子里，如节假日、教师节等，学生们会用各种方式表达对老师的感激之情。他们会精心准备贺卡、心信、纸花等礼物，或者组织惊喜活动来庆祝这些节日。当老师们收到这些礼物和祝福时，他们会感到无比的欣慰和自豪。这些来自学生的关心和体谅，让教师们更加坚定了自己从事教育工作的决心，也让他们更加珍惜与学生们相处的时光。

在日常的教学中，学生们对老师的尊重和信任也让教师们感到满足。他们会认真听取老师的建议，努力改正自己的错误，不断进步。这种成长和进步不仅体现在学业上，更体现在他们的品德和人格上。看着学生们一天天成长，教师们会感到无比的欣慰和骄傲。

师生之间的这种深厚情感，不仅让教师们获得了工作上的满足感，更让他们体验到了人生的价值。他们深知，教育是一项伟大的事业，能够影响一代又一代人的成长。而自己作为教育工作者，能够参与其中，为学生们的成长贡献自己的力量，是一种莫大的荣幸和幸福。

（1）师生对彼此的关怀感到满足。

就我们而言，当我们整天在学校与学生在一起时，老师与学生之间的联系就会更紧密。我们的老师在安全、健康、生活、心理、学习等方面帮助学生；当然，每当我感冒发烧时，学生也很照顾我，他们都不会闯祸。每当学生们回家后再返校，他们会带上很多好吃的东西，并乐于和我分享。因为他们心里装着我，为我着想，所以他们才这么做的。（A老师、B老师、F老师）

（2）被学生的关心和体谅所感动和鼓励。

去年教师节那天，我进教室刚开始上课，孩子们看着我说："老师，教师节快乐。我爱你。"我真的很感动。我必须更加努力地工作。为了孩子们，我们要更加努力。（A老师）

上周，我班的学生考试后来到我的宿舍。我们在宿舍里吃着点心，畅谈着学生们的梦想和未来。孩子们对我说辛苦了老师，并对我表达了感谢。我当时非常地感动。我觉得所有的努力都得到了回报。（B老师）

(3) 通过学生特意准备的惊喜活动让我感到满足。

这个学期末，我班的一个同学DIY了一本荣誉证书，并送给了我。在他们给我的荣誉证书上，写着我是最好的班主任这一句话。哈哈！是不是太可爱了？我当时骄傲得流下了眼泪。（E老师）

我胃不好。所以，我问学校食堂的工作人员，这个季节有新鲜的竹笋刚长出来，是不是可以买点来煮。当我和食堂负责人在谈话时，我们班的三个学生无意中听到了我说的竹笋了。第二天，孩子们早早醒来，到山林里捡竹笋，一到学校就敲我的窗。同学们的衣服因为露水都湿了，对我说："老师，听说你想吃笋，就吃这个吧。"当时，我内心深受感动，几乎都要哭了。我跟他们说老师吃这个不太好。请你们把这些竹笋带回家和家人一起吃。说完就让孩子们把湿衣服放在我屋里的炉子上晾干。（F老师）

因此，可以说，教师从师生关系中获得满足感，是教育工作中最美好的一部分。这种满足感不仅让教师们更加热爱自己的工作，也让他们更加坚定地走在教育这条道路上，为学生的成长和未来贡献自己的智慧和力量。

（十二）教师的入职动机

教师，作为人类灵魂的工程师，其选择走上教育这条道路的原因多种多样。对于许多女教师而言，她们选择教师职业往往有着更为深刻和独特的动机。

首先，许多女教师之所以选择教师职业，是因为她们深深地喜欢孩子。孩子们天真无邪的笑容，纯净无邪的心灵，以及他们对知识的渴望和对未来的憧憬，都深深吸引着这些女教师们。她们希望通过自己的努力和付出，为孩子们的成长和未来贡献一份力量。正如A老师和D老师所言，每次新学期开始都能结识新同学，这让她们感到无比的欣喜和满足。B老师和F老师也表示，与孩子们交流，听他们诉说梦想，让她们看到了充满希望的未来。

此外，教职的稳定性也是吸引女教师选择这一职业的重要原因之一。相对于其他行业，教师职业具有较为稳定的工作环境和薪资待遇。尤其对于女性而言，教职的稳定性和较长的假期能够让她们更好地平衡家庭和工作的关系。A老师、B老师、E老师和F老师都提到，教职的稳定性和较长的假期让她们能够有更多的时间陪伴家人，享受生活的美好。

(1) 因为喜欢孩子而选择教师职业。

我选择教书是因为我喜欢孩子。每次新学期开始都能结识新同学真是太好了。每次看到新同学，好像自己就能很快找到活力的源泉。(A老师、D老师、E老师)

孩子是单纯的。我不想在复杂的环境中工作，与复杂的人打交道。学校是一个相对纯净的环境，一般来说，孩子纯真、有梦想。在学校工作的话，我能时常听到他们对未来的期盼。每当听到他们对未来的期盼，我觉得我们就能等待一个充满希望的未来。我真的很喜欢和孩子们说话。(B老师、F老师)

(2) 教职稳定，适合女性。

教职稳定。另外，我每年有3~4个月的假期，既可以带孩子，也可以出去旅游。现在的我很是满足。因为我可以拿到一份稳定的薪水，又可以照顾孩子和家人。(A老师、B老师、E老师、F老师)

综上所述，女教师选择教师职业的动机是多元化的，既包括了对孩子的喜爱，也包括了对教职稳定性和纯净工作环境的追求。这些动机不仅让女教师们更加热爱自己的工作，也让她们在教育这条道路上走得更加坚定和自信。

(十三) 教师改变个人的心态

在教育工作中，女教师们面临着各种挑战和压力，当她们感到职业倦怠时，改变个人的心态成为了重要的应对策略。本研究发现，女教师们通过调整自己的心态和认知，能够更好地应对工作中的困难和挑战，从而摆脱职业倦怠的困扰。

首先，女教师们学会了在面对他人的评价时保持平和的心态。她们明白，评价体系的不完善以及与他人之间的比较是普遍存在的现象，而这些并不完全代表自己的能力和价值。因此，她们选择忽视那些无法改变的不公平因素，将注意力集中在自己能够掌控的事情上。同时，她们也培养了自己的耐心和忍耐力，不再轻易被他人的言语所影响，而是更加专注于自己的教学工作。

其次，女教师们意识到自己在教学中存在局限性，并积极地去面对和克服这些局限性。她们认识到，随着知识的更新和社会的发展，学生的需求也在不断变化，仅仅依靠自己的专业知识已经无法满足学生的需求。因此，她们不断学习新的知识和技能，以提升自己的专业素养和教学水平。同时，她们也认识到自己在沟通和辅导学生、处理行政工作等方面存在不足，并努力提升自己的综合能力和素质。

（1）学会忽视。（F老师）

（2）培养耐心。（A老师、E老师）

总之，改变个人的心态是女教师们应对职业倦怠的重要策略之一。通过调整自己的认知和态度，她们能够更好地应对工作中的挑战和压力，保持积极的心态和情绪状态，从而在工作中取得更好的成绩和发展。

（十四）远离教学现场

在教育的道路上，女教师们时常会面临职业倦怠的挑战。当这种情绪累积到一定程度时，一些女教师会选择远离教学现场，以寻求内心的平静和恢复。这种选择并非逃避，而是她们为了更好地回归教学工作，所做的积极调整。

对于那些倦怠感深重的女教师来说，周末和假期成为了她们最期待的时光。在放假期间，她们可以暂时忘记学校的琐事，享受与家人团聚的温馨时光。然而，随着假期的结束，面对即将到来的开学，她们的心情往往又会变得沉重，甚至产生对学校的抵触情绪。

为了从职业倦怠中完全恢复过来，一些女教师会主动申请转学到更好的学校或者教师人数更多的学校。在她们看来，新环境带来的挑战和机遇能够帮助她们重新找回教学的热情。同时，她们也希望通过转学来摆脱当前学校中影响自己情绪和工作的不利因素。

对于那些因为家庭原因或个人原因无法转学的女教师来说，她们可能会选择从教学岗位转到行政岗位。这样的转变不仅可以让她们暂时远离教学现场，减轻工作压力，同时也能够发挥她们在组织和协调方面的优势，为学校的发展贡献自己的力量。

在远离教学现场的过程中，女教师们也在不断地反思和调整自己的心态。她们开始重新审视自己的职业选择和发展方向，思考如何更好地平衡工作和生活的关系。同时，她们也通过参加各种培训和学习活动，提升自己的专业素养和综合能力，为未来的教学工作打下坚实的基础。

（1）离开学校一段时间。（A老师、B老师、D老师）

（2）转去新的学校。（A老师、B老师、D老师、E老师、F老师）

（3）从教师岗位转到行政岗位。（E老师、F老师）

总的来说，远离教学现场是女教师们在应对职业倦怠时的一种积极策略。通过调整工作环境和岗位，她们能够更好地恢复身心状态，为未来的教学工作储备更多的能量和热情。同时，这种选择也体现了她们对教育的热爱和执着追求。

（十五）向教职经历丰富的老师咨询

在教育行业中，面对职业倦怠的挑战时，许多女教师选择向那些教职经历丰富的老师寻求帮助和指导。这种跨代际的交流与合作不仅有助于新教师解决具体的教学问题，更能为她们提供心理支持和情感慰藉，使她们在教育的道路上更加坚定地走下去。

在乡村小学工作的女教师们，在日常工作中与同事们建立了深厚的友谊。她们共同面对工作中的挑战，分享彼此的经验和心得。当某位女教师遇到教学难题或感到职业倦怠时，她可以向那些有丰富教学经验的老师请教，寻求解决问题的方法和建议。这些经验丰富的老师不仅在教学技巧上有着深厚的积累，更对教师的职业倦怠有着深刻的理解和体验。她们能够准确地把握新教师的心理状态，提供有针对性的指导，帮助她们渡过难关。

通过向教职经历丰富的老师咨询，女教师们不仅可以获得实用的教学技巧和方法，更能从她们身上学到那种对教育事业的热爱和执着。这种精神的传承和延续，使得每一位教师都能在教育的道路上不断前行，为培养更多优秀的人才贡献自己的力量。

同时，这种跨代际的交流与合作也有助于增进教师之间的团结和协作。

在共同面对职业倦怠的挑战时,教师们能够相互扶持、相互鼓励,共同为教育事业的发展贡献力量。这种团结协作的精神不仅能够提升教师的工作效率和满意度,更能为学校的整体发展营造良好的氛围。

接受具有丰富教学经验的老师的指导。(A 老师、B 老师、D 老师)

(十六)学生公正地评价并认可女教师的辛苦付出而使她们减轻/克服倦怠

在教育的道路上,女教师们时常会面临职业倦怠的挑战。然而,当她们的努力和付出得到学生们的公正评价和认可时,这种倦怠感往往会得到减轻或克服。学生们的认可不仅是对女教师工作的肯定,更是她们继续前行的动力。

学生们作为教育的直接受益者,他们能够深切地感受到女教师们的辛勤付出和无私奉献。当女教师们耐心解答学生们的学业问题,关心他们的心理健康,帮助他们解决生活中的难题时,学生们会感受到老师们的用心和关爱。这种关爱和用心,会在学生们的心中留下深刻的印记,使他们更加信任和尊重自己的老师。

当学生们在女教师的帮助下取得学业上的进步,解决心理上的困惑,克服生活中的困难时,他们会更加感激和敬佩自己的老师。他们会用自己的方式表达对老师的感激之情,或许是课堂上的积极表现,或许是课后的亲切问候,又或许是逢年过节的祝福短信。这些细微的举动,都会让女教师们感受到自己的价值和意义,从而减轻她们的职业倦怠感。

同时,学生们的公正评价和认可也是对女教师工作的一种监督。当女教师们意识到自己的付出和努力得到了学生们的认可时,她们会更加珍惜这份信任,努力提升自己的专业素养和教学水平,为学生们提供更好的教育服务。这种正向的反馈循环,不仅有助于女教师们克服职业倦怠,更能促进她们的专业成长和职业发展。

(1)如果我为学生提供学习/个人咨询,学生会认可我的辛勤工作。(A 老师、B 老师、F 老师)

(2)如果你对学生做得好,学生会公平地评价和认可你。(A 老师、F 老师)

因此，对于女教师们来说，学生们的公正评价和认可是一种宝贵的精神财富。它能够让她们在教育的道路上更加坚定地走下去，为培养更多优秀的人才贡献自己的力量。同时，这也提醒我们，作为教育工作者，我们应该时刻关注学生的需求和感受，用心去教育和关爱每一个学生，让他们在成长的过程中感受到温暖和力量。

（十七）教师享受教学工作从而减轻/克服倦怠

女教师在经历职业倦怠后，逐渐认识到教师职业的本质并非追求外在的荣誉和认可，而是回归教育的初心，享受与学生共同成长的过程。

女教师们首先学会了合理设定工作目标。她们不再过分追求外在的成就和荣誉，而是将学生的进步和发展作为自己工作的最大动力。她们深知，只要能够帮助学生解决学习、生活、心理等方面的问题，帮助他们取得学业上的进步，就已经实现了作为教师的职业目标。

同时，女教师们也注重反思和倾听学生的需求。她们会在课后询问学生对课堂内容的理解程度，根据学生的反馈调整教学方法和内容。她们也会认真倾听学生的想法和意见，将其付诸实践，让教学更加贴近学生的实际需求。

在面对无法改变的事情时，女教师们学会了坦然接受。她们明白，教师职称晋升评价制度虽然存在一些问题，但仍然是目前客观、公正的评价方式。因此，她们会积极适应这一制度，努力提升自己的专业素养和教学水平，以取得更好的评价结果。

（1）合理设定工作目标。（B 老师、D 老师、F 老师）

（2）反思学生，倾听他们的需求，付诸实践。（A 老师、B 老师、D 老师）

（3）接受所有无法改变的事情。（E 老师、F 老师）

因此，对于女教师们来说，只有真正享受教学工作，与学生共同成长，才能够摆脱倦怠的困扰，实现教育的初心和使命。

（十八）找到正确的教职观从而避免倦怠

女教师们通过重新审视自己的教职观，逐渐摆脱了职业倦怠的困扰。她们意识到，教育不仅仅是一项崇高的事业，更是一种普通的服务性工作，需要理性看待其中的付出与收获。

首先,女教师们认识到教学只是众多服务性工作之一。她们明白,教师与其他职业一样,都是社会分工的一部分,都是为了满足社会的某种需求而存在的。这种认识使她们能够以更加平和的心态面对教学工作,不再过分追求理想化的教师形象,而是专注于为学生提供优质的教育服务。

其次,女教师们坚信教育的目的是帮助孩子成为正直、有见识的人。她们意识到,作为教师,自己的责任不仅仅是传授知识,更重要的是引导学生树立正确的价值观和人生观。因此,她们在教学中注重培养学生的品德和素养,努力让学生成为对社会有用的人才。

最后,女教师们认为教师职业能够保障自己的生活。她们明白,教师职业虽然有着其特殊性和崇高性,但归根结底也是一种谋生手段,需要通过劳动获得报酬以维持生计。这种认识使她们能够更加理性地看待自己的职业地位和经济状况,不再为了追求所谓的"尊严"而过分牺牲自己的利益。

(1) 教学只是常见的服务工作之一。(A老师、D老师、E老师、F老师)

(2) 我认为通过教育使孩子成为端正的人,我将达到教师职业的目的。(A老师、B老师、D老师、E老师、F老师)

(3) 教师职业保障我的生活。(A老师、B老师、E老师、F老师)

通过找到正确的教职观,女教师们逐渐摆脱了职业倦怠的困扰。她们以更加积极、理性的态度面对教学工作,努力提升自己的专业素养和教学水平,为学生的成长和发展贡献自己的力量。同时,她们也能够在职业发展中找到属于自己的价值和意义,实现自我成长和提升。

第三节 乡村女教师们的职业心理发展历程的扎根理论典范模型

在本节中,为了探究中国乡村小学女教师职业倦怠的原因,我们进一步拓展了已经推导出来的概念的属性和维度,以一个范畴为主轴,采用扎根理论中提出的范式模型,并将该类别与其他类别进行比较,揭示了两两之间的关系,具体类型见图4-1。

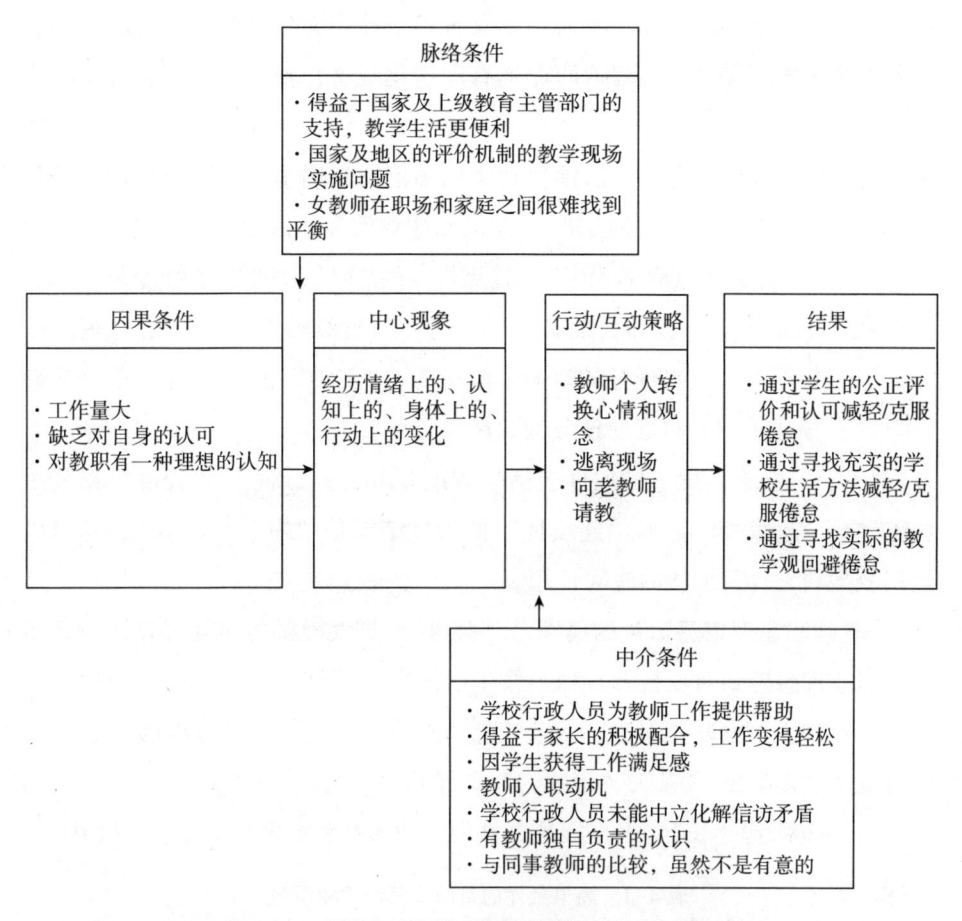

```
                    ┌─────────────────────────────┐
                    │         脉络条件              │
                    │ ·得益于国家及上级教育主管部门的 │
                    │  支持，教学生活更便利          │
                    │ ·国家及地区的评价机制的教学现场 │
                    │  实施问题                     │
                    │ ·女教师在职场和家庭之间很难找到 │
                    │  平衡                        │
                    └──────────────┬──────────────┘
                                   │
                                   ▼
┌──────────────┐  ┌──────────────┐  ┌──────────────┐  ┌──────────────┐
│   因果条件    │  │   中心现象    │  │ 行动/互动策略 │  │     结果      │
│              │  │              │  │              │  │              │
│·工作量大     │  │ 经历情绪上的、│  │·教师个人转   │  │·通过学生的公正评│
│·缺乏对自身的认可│→│ 认知上的、身体│→│ 换心情和观   │→│ 价和认可减轻/克服│
│·对教职有一种理想│  │ 上的、行动上  │  │ 念          │  │ 倦怠           │
│ 的认知        │  │ 的变化        │  │·逃离现场    │  │·通过寻找充实的 │
│              │  │              │  │·向老教师    │  │ 学校生活方法减轻/│
│              │  │              │  │ 请教        │  │ 克服倦怠        │
│              │  │              │  │              │  │·通过寻找实际的教│
│              │  │              │  │              │  │ 学观回避倦怠    │
└──────────────┘  └──────────────┘  └──────┬───────┘  └──────────────┘
                                           │
                                           ▲
                    ┌─────────────────────────────┐
                    │         中介条件              │
                    │ ·学校行政人员为教师工作提供帮助│
                    │ ·得益于家长的积极配合，工作变得轻松│
                    │ ·因学生获得工作满足感         │
                    │ ·教师入职动机                │
                    │ ·学校行政人员未能中立化解信访矛盾│
                    │ ·有教师独自负责的认识         │
                    │ ·与同事教师的比较，虽然不是有意的│
                    └─────────────────────────────┘
```

图 4-1　中国乡村小学女教师的倦怠经历典范模型

一、因果条件

因果条件可以看作是乡村小学女教师职业倦怠的直接原因。在本研究中，通过基于访谈数据的分析得出的结果表明，除了教学活动外，由于行政工作、学生辅导、学生其他杂项任务，乡村地区上学路上的工作量和安全性也有所增加。冲突解决、作业检查、学校管理员的领导问题、残疾学生的护理问题。由于与父母异地导致的儿童问题、专门运营的宿舍学校的学生保育问题导致教师工作量增加，这也是导致教师职业倦怠的原因之一。由于考试形式对自己专业知识的怀疑以及工作人员或社会成员对自己缺乏认可也是导致教师职业倦怠的原因之一。此外，乡村小学女教师受社会文化影响，认为教师和教师职业神圣不可侵犯，对教师职业抱有理想化观念，目标设定不符合学校实际的情况较多。当女教师将不切实际、理想化的认知变成了对现实世界的幻灭，她产生了一种倦怠感，仿佛曾经坚信的信念崩塌了。本研究的因果条件是"过度劳累""缺乏自我认知""对教师职业的理想认知"。

"过劳"的属性包括"程度""连续性""工种"。"度"的维度是"能胜任"和"不能胜任"教师目前负责的任务。"连续性"的维度是"短"或"长"，是根据教师负责任务的时间来衡量的。"工种"的维度是"单一"和"多样"，描述了教师负责的任务的数量和类型。

"对自己缺乏认识"的属性包括"程度"和"持续性"。"程度"维度由"不严重"变为"严重"。"连续性"的维度结果是"短"和"长"，这可以解释教师缺乏自我承认的时间长短。

"教师职业理想感知"的属性是"强度"，即女教师的感知强度，解释了教师职业理想感知对乡村女教师工作生活的影响程度。它由可以做到的"影响"和反映乡村女教师对教师职业理想认知的"时期"两部分组成。"强度"的维度由"弱"到"强"，"影响力"的维度由"小"到"大"，"周期"的维度由"短"到"长"。根据因果条件类别的属性和维度总结在表4-2中。

表4-2 因果条件的范畴及其属性和面向

典范模型	范畴	属性	面向
因果条件	工作量大	程度	能承受—不能承受
		持续性	短—长
		工作事务种类	单一性—多样性
	缺乏对自我的认可	程度	不严重—严重
		持续性	短—长
	对教职的认识有一个理想的模板	强度	弱—强
		影响力	小—大
		时限	短—长

二、现象

现象是中国乡村小学女教师的职业倦怠模式，或者说是行动或互动引起的变化和事件。在这项研究中，发现了一种称为"经历情绪、认知、身体和行为恶化"的现象，包括教师的情绪恶化、认知恶化、身体恶化和行为恶化。

乡村女教师"过度劳累""自我认知缺失""对教师职业的理想认知""乡村小学女教师情绪、认知、体质、行为退化"现象的体验属性包括"程度"和"连续性"。在"程度"维度上，教师因职业倦怠在情绪、认知、身体和行为等层面的恶化程度从"不严重"到"严重"不等。"连续性"的维度有"短"和"长"，可以描述教师因职业倦怠而经历情绪、认知、身体和行为恶化的时期。表4-3归纳了与现象相关的类别和属性或维度。

表4-3 现象的范畴及其属性和面向

典范模型	范畴	属性	面向
现象	经历情绪上的、认知上的、身体上的、行动上的变化	程度	不严重—严重
		持续性	短—长

三、脉络条件

脉络条件是一组在这个时间和地点维度上相交的特殊条件，以创造人们必须通过行动或互动来应对的情况或问题（Strauss & Corbin，1998；申庆林翻译，2001，p.119）。如果因果条件可以说是现象诱发的直接原因，那么脉络条件可以解释为一种家庭、社会、文化背景或情境（朴胜民等，2012，p.87），可以减少现象的发生或加重现象的发生。本研究的语境条件包括"得益于国家和高等教育部门的支持，便利了教学和生活""国家和地区评估机制的现场实施问题""女教师需要平衡家庭生活和工作的情况"。

"国家和高校支持"的属性是"度"和"广度"。"度"是指根据国家和高等教育部门对乡村学校教育改进和发展的投入支持程度,教师教学和生活舒适程度的高低,"度"的维度从"低"到"高"。"广度"是指国家和高等教育部门为改善教师教学和生活而投入的支持领域范围,"广度"的维度由"窄"到"广"。

"国家或地区评价机制现场实施问题"的属性是"公平"和"包容"。"公平"的维度由"低"到"高",即在实地实施国家或地区评价机制时能够体现公平性的公正性和公平性。在"包容性"维度上,评价机制的现场实施能否全面衡量教师胜任力的包容性由"低"变为"高",见表4-4。

表4-4 脉络条件的范畴及其属性和面向

典范模型	范畴	属性	面向
脉络条件	国家及上级教育部门的支援使得自己的教学和生活都便利	程度	低—高
		幅度	窄—宽
	国家及地区的评价机制在现场实施而产生的问题	公平性	低—高
		总括性	低—高
	女教师们无法找到职场和家庭中的平衡	解决的可能性	低—高
		接受程度	低—高

"女教师无法兼顾家庭和工作的程度"的属性包括"可解决性"和"可接受性"。"可解决性"维度反映了女教师解决家庭与工作不平衡状况的可能性,从"低"到"高"。"表现水平"是指女教师能够接受家庭和工作不平衡的程度,"接受程度"从"低"到"高"不等。

四、中介条件

中介条件可以说是能够增加或减少影响现象的因果条件和脉络条件的因子或变量的条件。本研究中中介条件为"学校行政人员协助教师工作""学校行政人员无法中立解决民事投诉冲突""家长积极配合工作变得容易""教师单独工作的认可有责任感""虽然不是故意的,但与其他老师的比较""因学生而获得的工作满意度""教师入职的动机"等。

"校管帮教"的属性是"频",反映了教师帮教的频度,"方式"包含了教师帮教方式的特点。"频率"由"低"到"高","方法"维度由"机械"到"主动"。

"学校行政人员不能中立解决民事投诉冲突"的属性是反映学校行政人员是否频繁中立解决民事投诉冲突的"频率",以及学校行政人员不中立解决民事投诉冲突行为的持续性。出现了表示一段时间的"持久性","频率"的维度从"有时"出现到"总是","连续性"的维度从"短"出现到"长"。

"家长积极配合,工作更轻松"的属性是"合作的紧密度",可以说明家长与老师合作的深度,以及"与老师合作的领域、合作范围"。"合作紧密度"维度由"不紧密"变为"紧密"。"合作范围"的维度由"局部"向"前沿"展现。

"老师一人负责意识"的属性是解释家长老师一人做事意识为什么会形成的"意识源",而"意识的接受方式"即家长接受这种行为的方式、意识。"意识来源"维度出现为"个体借口"和"社会共同意识","意识接受方式"维度出现从"被动接受"到"主动接受"。例如,如果"意识来源"维度中出现"社会共同意识","意识接受方式"维度中出现"被动接受",那么父母就生活在社会的物质文化环境中。这样做的同时,在社会普遍意识的影响下,他自然而然地在不自觉的情况下被动接受了"教师独自承担责任的认识"。

"无意但与同行教师比较"的属性是"频率",即教师经历这种比较的频率,以及"严重度",即这种比较对教师的影响程度。"频率"的维度从"低"到"高","严重度"的维度从"不严重"到"严重"。

"因学生而获得的教学工作满意度"属性包括反映教师因学生而感到满意程度的"度"和表示教师是否能持续因学生而感到工作满意的"持续性"。"度"的维度由"低"到"高","连续性"的维度由"短"到"长"。

在"教师从业动机"这一属性上出现了"类型",可以将教师从业动机划分为一个类型,"类型"的维度表现为"内在动机"和"外在动机",见

表 4-5。

表 4-5 中介条件的范畴及其属性和面向

典范模型	范畴	属性	面向
中介条件	学校行政人员帮助教师完成工作	频率	低—高
		方式	机械性—能动性
	学校行政人员无法在家长和教师中保持中立来解决家校问题	频率	偶尔—经常
		持续性	短—长
	得益于家长的积极协作使得工作便利	合作的紧密程度	不紧密—紧密
		合作的范畴	部分—全面
	教师认为自己个人必须肩负所有责任	认识的来源	个人意识—社会共同意识
		接受意识的方式	被动接受—主动接受
	被动地接受与同事的比较	频率	低—高
		严重性	不严重—严重
	因学生获得的职业满足感	程度	低—高
		持续性	短—长
	教师的入职动机	类型	内部动机—外部动机

五、行动或互动策略

行动或互动策略是指用于应对或解决中国乡村小学女教师职业倦怠问题的一种解决方案。本研究的行动或互动策略包括"改变老师的想法""逃离现场""接受具有丰富教学经验的老师的辅导"。"各教师心智变化"的属性是"水平",即心智变化水平的差异,是女教师克服职业倦怠的个人解决方法,"水平"的维度从"低"到"高"。

"逃离现场"的属性是"时期",即女教师离开工作所在校址的时期。"周期"的维度从"短"到"长"不等,"长"表示女教师离开本校时间已久。

"从有丰富教学经验的老师那里接受辅导"的属性是"可达性",即具有丰富教学经验的老师可以提供辅导的可能性,以及"女教师接受老师辅导的机会频率"。"可及性"维度从"容易"到"困难"不等,"困难"意味着女教师很难接受具有丰富教学经验的教师的辅导，见表4-6。

表4-6 行动或互动策略的范畴的属性和面向

典范模型	范畴	属性	面向
行动或互动策略	教师改变个人的心态	水平	低—高
	逃离教学现场	期限	短—长
	向教职经历丰富的老师咨询	可接近性	简单—困难
		频率	偶尔—经常

六、结果

结果是现象通过一系列动作或交互而有意或自然出现的结果。这项研究的结果是"通过公平评价和学生认可来削弱或克服倦怠"，"通过找到富有成效的学校生活方法来削弱或克服倦怠"，"通过找到对教师职业的现实看法来忽略倦怠"。

"通过学生的公平评价和认可来减弱或克服倦怠"的属性是"度"，即教师通过学生的公平评价和认可来削弱或克服倦怠的程度，"度"的维度是"从低到高"。

"想办法度过充实的学校生活，从而削弱或克服倦怠"的属性是一个"度"，即教师通过如何度过充实的学校生活来削弱或克服倦怠的程度，以及"表现的难度""度"的维度从"低"到"高"。

"寻找现实教学观忽视职业倦怠"的属性是可以解释教师如何通过寻找现实教学观忽视职业倦怠的"度"。"度"的维度从"低"到"高"，见表4-7。

表4-7 结果的范畴及其属性和面向

典范模型	范畴	属性	面向
结果	学生公正地评价并认可我的辛苦付出而使得我减轻或克服倦怠	程度	低—高
	教师找到让自己的学校生活变得丰富的方法从而减轻或克服倦怠	程度	低—高
	找到正确的教职观从而避免倦怠	程度	低—高

尽管乡村小学女教师用各种办法摆脱职业倦怠，但仍有女教师没有完全克服职业倦怠。疲惫不堪的女教师继续享受国家、地区和高等教育主管部门的福利，可缓解职业倦怠，但在学校边工作边抗倦怠的事例不在少数。职业倦怠不仅是教师一个人的问题，也是国家、社区和学校的社会问题。当教师因当前国家和社会职业倦怠预防和缓解机制的缺失而无法自行克服职业倦怠时，他们会转身远离职业倦怠或工作，同时保持或减弱职业倦怠。因此，本研究将中国乡村小学女教师的职业倦怠结果推导为通过弱化、忽视和克服职业倦怠体验来寻找自我价值。

第五章 教师职业心理发展历程评述

在这一部分中,研究者基于扎根理论方法分析得出的研究结果,从教师的学校生活、课程设置、教育政策、教育评价这四个方面展开讨论。

第一节 从学校生活方面论述教师职业心理发展历程

首先,讨论一下中国乡村小学女教师职业倦怠的原因。乡村小学女教师因过度劳累、缺乏自我认同感、对教师职业的理想化意识而产生职业倦怠。乡村小学女教师产生职业倦怠并不仅是因为乡村小学女教师工作量过大,而是因为乡村小学女教师要像母亲一样照顾学生,关注寄宿制孩子和单亲家庭孩子的生活和心理问题,直到教师睡觉之前,她需要一直照顾学生和执行正常的教学任务。张维君(2011)的研究发现,虽然家长对学生的学业有很高的期望,但他们认为学生的教育和学业问题都是老师的责任,容易对老师产生怨恨。

对于乡村的小学女教师来说,一天到晚,在心理极度紧张的状态下处理各种工作事务,这比单纯处理工作事务要困难得多。因学校行政人员的领导力不足而增加的工作任务导致教师们在处理教学以外的行政任务时处于孤立的情况,从而使教师产生不满和无力感。乡村小学女教师一直相信教师的工作是崇高的,社会成员也会认为这项工作是崇高的,并尊重教师。这是乡村小学女教师因为自身的职业观念产生的一种对职业的信念。然而在学校现场,老师们几乎整天只处理工作,忙到没有时间反思学生的未来,而家长们只凭学生的成绩就定义了老师工作的能力。因为现实与理想的差距如此之大,教师的信念崩溃,开始对自己和教师职业产生怀疑,从而产生倦怠感。谭道玉

(2009)和张丽菊（2018）的论文研究表明，教师应该表现出即使遇到困难也要勤奋工作、默默服务的教师形象。这种崇高的教师职业观有一个缺点是缺乏现实性，因为它过于强调理想（张丽菊，2018）。这是由于比起强调教师个人的价值，更着重于强调社会期望和价值观所造成的。由于教师必须像"烛光"一样奉献自己的这一点社会共识，教师很少能得到他人的照顾（张凤琴，2005；张丽菊，2018）。

　　本研究的参与者中其中一人从来没有经历过倦怠。总结原因如下：在乡村学校工作时从未经历过倦怠的老师是本地人，高考以来一直受到周围居民的尊重。因为家长无条件地相信自己，所以家长总是很配合，帮助管理学生。在城市学校工作的教师待遇低下，产生工作倦怠。低待遇不仅包括月薪低，还包括缺乏父母、社会成员甚至学生的尊重。这是因为在当下的都市社会，社会成员依据个人所拥有的金钱，对人和职业进行好坏的划分。如果我们要改善这种情况，在文化层面，需要重新找回国家和民族的信仰，必须让社会成员重新建立信任。乡村教师得到国家的支持，让他们对自己的工作没有任何抱怨。尽管父母和其他社会成员对他们的待遇很差，但乡村教师却深受学生的尊重。因为乡村学校上学的小学生，单纯地无理由地崇拜乡村教师。又由于学生与父母分开居住，与老师之间的关系更亲密，就像家人一样。好的方面是，学生能够通过密切的师生关系纠正他们从家庭中受到的不良影响，这可能对学生的学业进步和改善与父母的关系产生积极影响（郝若平，2011）。

　　作为乡村小学的一名女教师，当她经历了职业倦怠，抛弃了一切不符合现实的信念和目标，转而找到了只为学生而努力的信念时，她将走出倦怠。因学校教育领域教师评价、晋升评价方式等问题而前途黯淡的教师得不到社会公信力的认可。但是，学校经常为学生提供学习辅导，听取学生的反馈，修改和实施适合学生水平的课堂流程和方法，帮助和考虑学生解决他们的心理和生理问题，给经历过的学生利用自己的空闲时间进行个别指导，老师的这些辛勤工作和努力，辅导学生学业等劳苦，都会反映在学校进行的教师调查中，因为学生会给真心实意关爱自己的老师打高分。乡村老师现在意识到别人不理解我，不能公正地评价我，但至少学生们对他们的努力和付出是会给出公正的认可，这点也会让教师觉得做的一切事情都有了意义。另外，一位把小学生当成社会未来的乡村教师，看到纯真、充满活力的学生，就觉得世界是美好的，未来是充满希望的，还有无限的潜力。可以毫不夸张地说，学生是让疲惫不堪的乡村小学女教师继续执教的坚强后盾。

出于上学途中的安全问题、家庭与学校之间的距离、幼儿、单亲子女、学校合并等原因，乡村学校采取寄宿制学校形式运营。教师出于与学生相同的原因住在学校。与此同时，对于教师来说，工作场所和家庭之间的物理距离已经消失。在文化层面，老师和学生一起吃饭，一起打扫，一起上课，学生和老师之间的界限消失了，像一家人一样随时可以见面。"下班"这个词对于老师和学生来说很难体会到它的意义的。老师们常常在规定的工作时间后，挨家挨户解决学生的后顾之忧。再加上老师在学校是和自己孩子住在一起的，所以一有空隙或无法专心工作的时候，他们就回家看看孩子的情况。城市学校教师有通勤距离，因此他们的家庭生活和工作生活在物理上是分开的。在城市学校工作的教师由于在规定的工作时间之前完成所有要完成的任务的紧迫感，他们可以专注于自己的职责。

第二节 从教育课程实践方面论述教师职业心理发展历程

从课程层面分析，乡村教师虽然参加了国家和高等教育主管部门开设的课程培训，以期提升专业素养，但在培训中学到的最新教学方法、课堂内容构成等都无法在乡村学校的教学现场中完整再现。因为乡村学校的学生相比课程培训时参与课堂听课的城市学校的学生来说，乡村学校的学生缺乏基础知识和积累各个领域的知识，因此他们对最新的改革课程的内容一时之间还不太能够理解。肖欢（2011）在一项研究中也指出，乡村学生在上小学之前没有接受适当的素质教育。因此，乡村教师的工作量相对高于城市学校教师。此外，乡村学校的学生使用由国家发行的教科书进行教学，由于教材呈现的内容是城市生活，与乡村学生的日常生活相去甚远，因此乡村小学教师在备课时要多加注意，让乡村学生能够很好地理解学科内容。肖欢（2011）和庞念（2014）透露，目前广泛使用的小学教材中的句子、插图、习题、活动形式等内容，大多是面向城市的，这造成了与学生生活的距离。

第三节 从教育政策贯彻方面论述教师职业心理发展历程

虽然没有关于职业倦怠对策的政策文件，但刘春华（2017）研究了大学教师如何减少或减轻他们的职业倦怠。根据刘春华（2017）的研究结果，从个体层面可以减少或减轻大学教师职业倦怠的措施有艺术反思、日记、健康计划、工作职业倦怠的一般认识、心理教育和积极的目标。包括定向训练、寻找信念、艺术指导的应对策略、健康计划的制定与实践。然而，国家和地区层面都缺乏缓解或减轻中小学教师职业倦怠的措施。但是很多教师会向有丰富教学经验的教师进行咨询寻求帮助，通过很多这样的个人的人际关系策略来缓解或者克服倦怠。参与本研究的乡村小学女教师则经常自愿换学校工作。

在新学校工作时，教师可以将改变后的物理和文化环境视为一种可以在组织层面使用的策略。此外，女教师的新起点在入职时是从头开始，但当她调到新学校时，她可以基于经验和反思，怀着新的激情开始。目前，乡村教师的流出和流入机制正在研究中，但尚未实施。国家认为必须持续保持乡村学校教师流出和流入的动态平衡，解决乡村学校教师职业倦怠导致师资短缺、工作量过大、非专业教学导致专业质疑等问题。李小霞（2009）的研究发现，待遇较差的乡村教师除了数学和识字外，还需要学习音乐和艺术等科目，因此他们的工作量急剧增加，对工作失去信心，最终经历倦怠。因此，国家、高等教育部门和地方政府在制定切实可行的政策时，需要关注乡村教师转校、乡村学校专业科目教师的培养和补充、行政教师配置、乡村教师流入流出等问题。

第四节　从教育评价实施方面
论述教师职业心理发展历程

根据冯雷钢（2003）的观点，中国的学生评价将学生的智力发展作为最重要的部分，由于学生是根据成绩来评价的，所以他们只追求好成绩，这不能暴露日常教学的问题所在。在对学生进行评价时，可以评价学生的话语和行动，如学生的言行举止、与他人的互动交流等，它可以看作影响学生发展的一个因素（张爱兰，2005）。因此，在评价学生时，不仅要对学生的考试成绩进行评价，还要对学生的形成性过程进行评价。

与乡村教师相关的重要评价包括教师绩效评价和教师晋升评价，这取决于学期末进行的区域统一考试的班级平均成绩。从乡村学校的规模来看，有一个年级只有一个班，甚至一个班一个学生的小学校，也有和城市小学一样规模的600~700名学生的大学校。在较大的学校，值班老师可能需要照顾30至80名学生的班级。甚至在某些情况下，教师必须同时上两门课。但是，在评价一个教师一个学期的工作表现时，并没有考虑班级的构成、负责班级的数量等与班级平均考试成绩相关的因素，而是通过计算教师所教班级的考试平均成绩来评价教师。此外，在评价教师一个学期的绩效时，相对评价法的使用多于绝对评价法。那么，即使班级平均分相差不大，如果将所有老师所教班级的平均分从第1名开始进行排名，那么肯定会无条件出现前1~3名和后1~3名。为进一步调动教师工作积极性，上级教育督导部门制定实施规定，对前1~3名教师给予奖金，对后1~3名的三名教师给予罚款。然而，老师们都在抱怨评价方式的不公平，遗憾的是无论他们怎么努力，都得不到那么多的认可。

教师的职称，即职务，是一种承认专业性的资格，是国家行政事业单位中专业职务的名称。现在，在中国，从事经济、卫生、翻译、建筑师、律师等服务业的专业人员，只要通过国家统一的职业资格考试，就可以获得职称证书。但是，目前国家层面还没有统一的教师从业资格考试。教师通过评估和筛选等晋升评估过程获得职称。闫健敏（2017）将教师职称评定问题归结为评定标准不科学、职称晋升名额分配不合理、评定过程存在行政干预、评定结果产生负面影响等。由于评估和评判是由教育界人士担任，为了排除人们的偏见或主观性，教师职称资格是基于一个可以比较的标准，只计算获得奖励的数量等客观数字，或是教师发表论文数、著作权数决定是否晋升职称成功。此外，职称晋升的教师人数已经受到地区和学校的限制，因此不符合评估条件的教师人数更多。

乡村学校的老师接触不到很多教育资源，他们甚至没有时间写论文，因为他们要照顾学生的日常生活。国家政府和教育部发现乡村教师的这些困难后，将已发表的论文从要求的名单中删除。乡村教师要想获得荣誉证书，必须参加教师评比、比赛等活动。但是，参加教师竞赛、比赛等活动的机会优先给有丰富教学经验的教师，其他的年轻老师到退休前机会不多。另外，有丰富教学经验的老师在教师竞赛、比赛等活动中，一定能取得更好的成绩，因为他们在一线教育领域积累了很多经验。所以，青年教师，尤其是初任教师，工作再好，也没有机会证明自己的工作能力。因此，与具有多年教学经验的教师在漫长的工作生涯中获得的证书数量相比，新手教师所能获得的证书数量要少得多。导致新任教师在以荣誉证书数量为标准的教师职称晋升评价中处于劣势。此外，学校管理人员首先给予即将退休的具有丰富教学经验的教师资格晋升评估的名额。初任教师没有能正式证明其工作能力、专业知识和努力程度的职称证书，因此他们的能力得不到可靠的官方认可，因而对自己产生怀疑。

第六章 对改进乡村小学女教师职业倦怠的建议

第一节 总结

本研究的目的是通过倾听中国乡村小学女教师的生动的故事,开发关于她们职业倦怠经历的实质性理论。希望有关部门通过借鉴我国乡村小学女教师职业倦怠经验的实质性理论,制定预防或减轻乡村学校女教师职业倦怠的政策文件和相关项目。

为实现本研究的目的,提出如下研究问题。

第一,我国乡村小学女教师职业倦怠现象是怎样的?

第二,中国乡村小学女教师职业倦怠的原因是什么?

研究者选取在乡村学校曾经或正在经历职业倦怠的女教师作为研究对象,在征得她们的同意后,认真地进行了访谈,就访谈程序、访谈内容处理、访谈录音等与研究参与者进行了详细的约定。访谈采用半结构化访谈大纲进行,半结构化访谈大纲是经过研究人员与专业的质性研究教授商定后确定的。根据 Seidman(2006)提出的三次访谈结构进行。在本研究中,为了开发乡村小学女教师职业倦怠经历的理论,采用理论抽样的方式对一名没有职业倦怠经历的乡村教师、一名城市小学女教师和一名城市中学女教师进行了研究。在扎根理论中理论指导下,为了更好地收集访谈数据,研究者还收集了研究参与者发送的文件和 SNS 数据。此外,研究人员在进行研究的同时记录研究日记。

接下来,根据扎根理论技术分析研究人员收集的数据。研究者在扎根理论分析的整个过程中使用了连续比较的分析方法。研究者通过不断的比较来发展概念的属性和维度，根据概念的属性和维度推导出次范畴和范畴，最后按照扎根理论的程序确定了92个概念、31个次范畴和20个范畴。

根据研究问题得到的研究结果如下。

首先，我国乡村小学的女教师倦怠期的日常生活中很容易烦躁和沮丧，处理工作时变得急躁。另外，当乡村小学女教师不能很好地解决工作时，或者在与参与工作的学校领导、家长、学生互动时，常常感觉自己的心被泼了一盆冷水，同时也感到不公平，有时候在不知不觉中说些什么，做了什么，还流下了眼泪。最严重的现象是，正在经历倦怠的女教师在教学生涯中失去了价值观，对未来的不确定性感到悲观，一想到上学就觉得自己要受不了，甚至在日常生活中，女教师会缺乏耐心，从而没有把工作做好时，她们就会认为是学生的错，到最后，她们也发现她们每每做什么的时候，都会感到无助。女教师在经历倦怠后，健康状况每况愈下，睡眠障碍，下班后筋疲力尽。此外，倦怠的女教师除了情绪、认知和身体问题外，还存在行为问题。换言之，研究发现，中国乡村小学女教师职业倦怠对女教师生活的方方面面都有负面影响。

疲惫不堪的女教师用各种克服倦怠的方法来摆脱倦怠。这些克服方法可分为内部心理方法和外部行为方法。首先，内部心理方法包括改变女教师的心态和对工作的看法，同时承认自己的局限性。职业倦怠的乡村小学女教师，把别人的认可，别人的批评，学校的行政管理，国家的评价机制，当成自己无法改变的东西，作为一名教师，她能客观地评价关于她的能力和专业知识，并且能在工作中承认自身的不足。职业倦怠的女教师逃离一线教学现场或所在学校的倾向也不同。女教师从一线转行政岗位虽然能在一定程度上克服职业倦怠，但在离校或调入新学校时，职业倦怠才能得到根本缓解。

其次，导致中国乡村小学女教师职业倦怠的原因是工作量大、缺乏自我认识以及乡村女教师对教职的理想认知。由于学校师资不足，女教师除了主修专业外，还被分配到非主修科目。另外，由于要密切关注学校宿舍里的孩子们的生活，所以乡村小学女教师一大早就起床，去查寝了解学生们的情况，并对他们的生活和学业问题进行指导。甚至在宿舍睡觉的时候，女老师还深入宿舍，检查了学生们的用电情况和健康状况，才回自己的房间熄灯休息。行政工作、备课、学生作业检查、学生辅导、家长辅导、写工作事务文件等工作就需要乡村小学女教师加班完成。乡村小学女教师每天重复做同样的事情，在老师考核中得不到认可，或因与家长沟通被家长批评，女教师开始怀疑自己的教师能力。结果，如果他们不断地怀疑自己，他们就会变得烦躁，感到无助，并对学校产生排斥感。

排除了直接影响我国乡村小学女教师职业倦怠的三大原因：过度劳累、缺乏自我认知、乡村女教师对教师职业的理想，得益于国家和高等教育部门的支持，促成了女教师便利的教学和生活、国家和地区评估机制的现场实施问题以及女教师未能平衡工作和家庭的情况可能减少了中国乡村小学女教师的职业倦怠。近10年来，中国政府在乡村学校设施改善和师资培训方面投入了大量资金。得益于此，教师的校园生活变得更加便利，课堂和专业发展的资料非常多，对教师的工作也有很大的帮助。因此，这些可以缓解女教师的职业倦怠。有的女教师的学校管理者能够减少或加剧女教师倦怠的原因取决于她们是否合作顺畅。如果女教师与学校管理人员、家长和学生之间的关系顺畅，女教师就可以顺利地处理任务并得到他人的认可，从而减少职业倦怠的原因，职业倦怠的程度也可以降低。但是，如果反过来，女教师的职业倦怠可能会变严重。

第二节　结论和建议

基于本研究的研究结果得出的结论如下。

第一，认清教师的自我价值很重要。乡村小学女教师职业倦怠的原因并非以往研究中所见的对待遇的不满，而是未能实现自我价值。自我价值是在为世界做出贡献的同时，对自身存在本身的肯定，以及作为人和社会的一员在这个世界上生存的能力。教师可以通过自己的能力帮助学生进行学术和品格发展，并通过教学为教育做出贡献，如果他们的努力和贡献得到自己和他人的认可,就会形成自我价值。虽然教师在入职之初缺乏对自身价值观的认识,但如果在工作中得到他人的大量认可,教师就能对自己的工作能力和价值观产生积极的认知。皮格马利翁效应揭示了美好的改变来自他人的期待和赞美。每次在学校现场对一位教师进行评价时,无论教学经验等个人客观因素如何,所有教师都以相同的标准进行评价。教龄长的教师得益于其长期的教学经验,教师可以通过经验准确预测学生和家长的反应和行为,提前做好准备措施。在这方面,新手教师在相对评价中并没有超过有丰富教学经验的教师,而在小学校的情况下,由于教师数量少,教师之间很容易遭到家长的比较,那么新手教师就不太容易得到家长的认可。新手教师与其他老师竞争,很难得到积极地评价,从而导致可能对自己的价值失去信心。

第二,师生外流、师资短缺严重。受计划生育政策影响,乡村父母普遍抚养一到两个孩子。以前一个家庭养三五个孩子,现在孩子的数量急剧减少。所以,孩子对于爷爷奶奶和父母来说都是非常珍贵的存在。虽然也有父母外出打工带孩子的情况存在,但是将孩子托付给爷爷奶奶的情况也屡见不鲜。有子女和父母一起外出,就会在父母工作所在地上学,从而导致乡村学校每年上学人数都在减少。还有的父母外出打工,不带孩子,而是把孩子送到城里的学校上学。这导致更多的学生外流。随着学生人数的减少,老师也随之减少。教师也可能会因为想在教学资源更多的好学校工作而搬到另一所学校。如果退休的教师和流失的教师不能得到补充,就会出现师资短缺的问题。由于师资短缺,乡村学校就存在教师不仅负责主修科目,还兼任数学、语文以外的两三门科目的情况。正因如此,家长们把学生转到其他好的学校,生怕学生学不到学科的基础知识。这种情况下,学生流出也越来越多,进而这种恶性循环不断发生。

第三,学生考试方式要多样化。目前的学生考试方法是解决考试卷中的问题并检查答案。尽管由于每个科目都有自己的特点,因此科目有所不同,但学生的学习成果还是使用统一的测试方法来衡量的。此外,在国家层面,人才要求强调了学生需要按学科培养的能力。目前正在实施的笔试,重点考查学生的阅读能力、理解能力、逻辑分析能力、写作能力、判断能力等。存在无法完全检测学生能力和水平的限制。教师要着力培养学生的综合能力。但在一学期课时有限的情况下，教师侧重于备考方法，需要在短时间内提高学生的考试成绩，培养学生的能力这一稍难的目标即使在短时间内无法取得成果，但在很长一段时间内也能取得成果。所以乡村小学女教师在选择一门课程的教学重点时陷入了两难境地。此外，由于教研组进行了很多相对评估，如果一个教师强调备考，其他教师就会像多米诺骨牌一样效仿。虽然用数字具体反映评估结果是非常有效的，但不仅要进行书面评估方法，还要进行行为和口头评估，以全面衡量学生的能力。然而，如何描述行为和语言评估的结果是另一个问题。

在此基础上，将本研究的建议分为实践层面和学术层面展开论述，具体内容总结如下。

一是为教师提供与心理治疗有关的东西。对教师心理做了大量研究，倾听教师的心声，制订教师需要的心理项目。应为教师提供无障碍的心理咨询。有必要从政策层面对教师休假规定进行探讨，让教师摆脱引发心理问题的刺激。

二是解决适龄儿童外流、父母外出务工导致的与父母异地的儿童问题。与父母异地的儿童问题和适龄儿童外流的根源是父母在当地工作和经济收入的问题。为了妥善解决此类问题，国家和地区政府需要在国家和地区层面对农业推广、运输和运输路线建设、包括互联网交易在内的电子商务、快速物流等领域的专家进行评审。

三是教育部要出台国家级师资补充措施。目前，教育部正在实施乡村学校的退休城市名誉教师助学计划。但由于退休年龄标准不断提高，不知能否按计划实施。考虑到乡村学校学生和班级不多，需要保证每个班级的数学、语文、英语、社会、自然、美术、音乐、体育等专业课的师资力量。

接下来，根据本研究的结果和结论，在学术层面提出以下建议。

一是有必要研究乡村地区小学女教师与学校生活相关人员所形成的人际关系。例如乡村小学女教师与学生、家长和学校管理人员等工作人员在日常生活中的互动，信任建立和合作，和女教师的学校生活等。通过本研究，可以发现女教师的工作状态、情感状态、工作形成的人际关系对学校生活的积极和消极影响，并据此制定综合措施来改善女教师的学校生活状态。

二是要研究梳理乡村学校配置相关问题，建立相关支持体系。乡村学校的教育问题既有教育性的，也有社会性的。需要社会、区域和个人合作，使乡村工人能够在当地工作。如果农民工不外出，孩子能在当地上学，在校生数就可以维持。

三是研究制定各学科的客观标准和公认标准。首先，有必要审查每个科目是否有一个客观和公认的标准。接下来，有必要研究通过课程的完成情况来综合衡量学生课程能力的测试方法和形式。根据学科的不同，测试方法和形式应该是多样化的。

四是要研究教师岗位评价机制。通过本研究的访谈可以看出，教师们抱怨评估机制存在问题。特别是初任教师获得的荣誉证书数量较少，在评价中更处于劣势。未来有必要结合教师的教学经验和学校所在地完善评价机制，并进行相关的后续研究。

五是在选拔适合本研究目的的研究对象时，接受心理治疗的倦怠教师、因倦怠导致严重抑郁等心理疾病住院且难以进行访谈的教师、因工作倦怠而被调离的教师被排除在外。此外，由于本研究仅选择了女教师作为研究对象，因此似乎有必要探讨男教师的职业倦怠。今后有必要扩大研究对象的范围，进行深入研究。

参考文献

[1] 具奉振,赵建尚.参与生活体育活动的小学教师的休闲满足感对职业压力和职业倦怠的影响[J].韩国体育学会志,2012,10(2):231-242.

[2] 权正恩.小学六年级班主任教师的倦怠经历的个人记叙志研究[D].全州:全北大学,2011.

[3] 金庆熙.小学教师的倦怠及其克服经历叙事研究[D].庆山:岭南大学,2016.

[4] 金安娜.保育教师的倦怠相关因素混合研究:以元分析和深度访谈为例[D].首尔:东国大学,2018.

[5] 金严智.小学教师倦怠经验的质性研究[D].首尔:首尔教育大学,2018.

[6] 金妍玉.幼儿教师的倦怠量表开发及信效度检验[D].釜山:庆星大学,2012.

[7] 金永川.质性研究方法论1,Bricoleur[M].3版.坡州:Academy Press,2016.

[8] 金恩珠.论教师倦怠的原因和对策[J].教育的理论与实践,2017,22(1):1-38.

[9] 朴敬爱,赵贤珠.认知行动心理教育项目对教师的职业满足、心理倦怠、自我尊重感以及不正常的信念的影响效果[J].韩国教员教育研究,2008,25(3):261-279.

[10] 朴胜民,金光洙,方旗延,等.采用扎根理论的商谈研究过程[M].首尔:学知社,2012.

[11] 徐善顺.小学教师的教师效能感、社会支持与倦怠的关系[D].首尔:

庆熙大学，2007.

[12] 徐智英，金熙正．专业商谈教师的角色压力对倦怠的影响：自我效能感和社会支持的条件效果［J］．教员教育，2011，27（3）：227-250.

[13] 宋美京，杨南美．韩国小学教师倦怠量表开发及信效度检验［J］．商谈学研究，2015，16（3）：195-214.

[14] 吴妍熙．基于扎根理论的小学教师的倦怠经历和克服倦怠的研究［D］．广域：光州教育大学，2018.

[15] 刘正易．教育环境的危险要素和社会支持对小学教师心理倦怠的影响［J］．初等教育研究，2002，5（2）：315-328.

[16] 李奉柱．教师倦怠量表（TBS）的信效度检验研究［D］．京畿道：安阳大学，2017.

[17] 李成龙．对特殊班级教师的心理倦怠的调查研究：以清州市为例［J］．特殊＆英才教育杂志，2015，2（1）：91-110.

[18] 李英满．教师心理倦怠的研究动向［J］．初等教育研究，2013，26（2）：125-152.

[19] 郑妍红．教师心理倦怠测试量表开发研究［D］．首尔：韩国教员大学，2016.

[20] 郑由京．教师心理倦怠克服经历的共识质性研究［D］．首尔：韩国教员大学，2018.

[21] 赵焕易，尹善亚．教师倦怠研究动向分析［J］．脑教育研究，2014，13：77-100.

[22] 赵孝淑．小学教师倦怠经历的分析［D］．清州：清州教育大学，2011.

[23] 崔慧允．大学商谈中心商谈老师的心理倦怠和克服经历的质性研究［D］．首尔：建国大学，2015.

[24] 韩光贤．教师的资源和对应策略以及倦怠的关系［J］．经营教育研究，2008，49：327-349.

[25] 许南实．基于扎根理论的小学教师倦怠及应对过程研究［J］．韩国教员教育研究，2015，32（4）：73-101.

[26] 洪雨林.小学初任教师的心理倦怠研究[J].初等教育研究,2015,28(3):255-280.

[27] 安翠平.中学女教师工作倦怠的研究[J].北京教育学院学报(自然科学版),2006(1):35-38.

[28] 毕恩明.济南市中小学教师职业倦怠研究[D].济南:山东师范大学,2006.

[29] 蔡永红,朱爱学.中学教师职业倦怠现状及其组织影响因素研究[J].教育研究与实验,2013(6):29-33.

[30] 陈玉婷.核心素养背景下农村小学数学教师专业能力发展研究[D].福州:福建师范大学,2018.

[31] 常宝宁,吕国光.西北贫困地区中小学教师流失意向调查研究——以甘肃省为个案[J].教育科学,2006(6):61-64.

[32] 陈时兴,成云.农村校网撤并的困境、成因及其对策——以永嘉县渠口乡小学为例[J].科教文汇(上旬刊),2008(22):50,54.

[33] 陈卫华.农村公办小学发展面临的困境与出路——以河南省农村公办小学为例[J].现代中小学教育,2012(4):10-12.

[34] 陈晓微.农村小学教师"老龄"问题研究[D].长春:东北师范大学,2010.

[35] 陈艳超.农村学校的"孤岛化"困境及其解决路径[J].铜陵职业技术学院学报,2017,16(3):23-27.

[36] 程欢.农村小学教师专业发展问题研究[D].南昌:南昌大学,2016.

[37] 达来.蒙古族中学教师职业倦怠与人格特征关系研究[D].呼和浩特:内蒙古师范大学,2008.

[38] 戴伟峰.我国农村小学老龄教师职业追叙与反思[D].长沙:湖南师范大学,2010.

[39] 单东升.不应当用考试成绩评价教师[J].人民教育,2012(5):44.

[40] 丁宏美.农村小学教师心理契约现状及其对工作满意度的影响[D].扬州:扬州大学,2010.

[41] 董莉萍，朱殊，杜瑞红．中小学教师职业枯竭与社会支持状况及其相关分析［J］．现代预防医学，2010，37（7）：1284-1286，1289.

[42] 董烈菊．青年教师的教育信仰及养成路径［J］．当代教育论坛（教学研究），2011（12）：25-27.

[43] 樊秋玉．浅谈教师的表率作用［J］．教师，2010（31）：3.

[44] 范福利．教师职业倦怠问题思问题及解决对策［J］．吉林教育，2018（3）：1.

[45] 林崇德，杨治良，黄希庭．心理学大辞典（上下）（精）［M］．上海：上海教育出版社，2003.

[46] 方亮，刘银．农村小学"撤点并校"的成效与困境分析［J］．西南石油大学学报（社会科学版），2013，15（3）：36-41.

[47] 方勤华，吕松涛，杨贞贞，等．农村小学数学教师专业发展状况与学习需求分析——基于《小学教师专业标准》的一次调查［J］．数学教育学报，2019（2）：6.

[48] 付崇明．中小学教师职业倦怠的研究——一所学校教师职业倦怠的个案研究［D］．济南：山东师范大学，2023.

[49] 高俊霞．农村小学教师专业发展影响因素及对策——以河北省遵化市小学教师为例［J］．现代中小学教育，2013（3）：5.

[50] 高岚．中学教师职业倦怠现状及其影响因素研究［D］．石家庄：河北师范大学，2023.

[51] 葛春霞．西方教师职业倦怠研究及其对我国的启示［J］．世界教育信息，2007（8）：3.

[52] 葛丽．中小学教师职业倦怠调查及对策研究［D］．上海：华东师范大学，2010.

[53] 郭浩．农村贫困地区小学教师职业压力状况及缓解对策［J］．现代中小学教育，2006（10）：4.

[54] 何丽君．农村中小学女教师身心健康问题及对策［J］．甘肃农业，2012（7）：2.

[55] 何盛明．财经大辞典［M］．北京：中国财政经济出版社，1990．

[56] 何小纪．我国农村中小学教师聘任制问题研究［D］．西安：陕西师范大学，2023．

[57] 何勇．初中中年女教师的职业倦怠研究［D］．哈尔滨：黑龙江大学，2023．

[58] 贺文，王文龙．民族地区中小学青年女教师职业倦怠的现状调查及策略研究［J］．吉林广播电视大学学报，2018（8）：4．

[59] 侯甜．农村小学教师专业发展的外部影响因素研究——以山西省永济市为例［D］．重庆：西南大学，2023．

[60] 胡明洪．荆州市荆州区农村中学教师职业倦怠及心理健康的研究［D］．武汉：华中师范大学，2007．

[61] 胡颖．福建省特殊教育教师的职业倦怠、社会支持和应对方式的现状及关系研究［D］．福州：福建师范大学，2023．

[62] 黄涛，段海燕，黄燕．农村小学英语教师专业素质现状调查与发展策略——以江西省南昌市为例［J］．教学与管理，2013（8）：43-45．

[63] 雷万胜，张志明，姜莉．中小学教师职业倦怠研究［J］．中国健康心理学杂志，2006，14（2）：3．

[64] 李炳南，李亚南．一位农村小学女教师职业倦怠的叙事研究［J］．内蒙古师范大学学报：教育科学版，2007，20（6）：4．

[65] 李红瑞．对农村小学体育骨干教师现状与评价体系的研究［J］．中小企业管理与科技，2011（19）：1．

[66] 李兰兰．初中英语女教师职业倦怠调查研究［D］．曲阜：曲阜师范大学，2023．

[67] 李默冉．小学中年女教师职业倦怠研究［D］．哈尔滨：黑龙江大学，2023．

[68] 李婷婷．甘肃省农村小学教师专业发展的策略研究［D］．兰州：西北师范大学，2023．

[69] 李小光，唐青才．角色压力对中学女教师职业倦怠的影响［J］．中国

健康心理学杂志，2014，22（11）：3.

[70] 李昕光．农村教师职业倦怠与社会支持的关系：教学效能感的中介作用[D]．兰州：西北师范大学，2023．

[71] 李雪营．女教师职业倦怠的成因分析[J]．中国矿业大学学报：社会科学版，2009，011（1）：110-113．

[72] 李艳红．农村小学教师心理健康现状及应对方式研究[J]．中国民康医学，2004，16（3）：179-180．

[73] 李义安，勇健．中小学教师职业承诺、教学效能与职业倦怠的关系模型[J]．中国临床心理学杂志，2010（3）：3．

[74] 李颖．农村小学教师生存状态视域中的教师专业发展[J]．渤海大学学报：哲学社会科学版，2009，31（6）：4．

[75] 李永才．少数民族地区英语教师职业倦怠成因及对策研究——以海南省黎苗族地区为例[J]．教学与管理：理论版，2007（12）：3．

[76] 李永梅．中小学生学习动机与学业成绩的相关性研究综述[J]．教育界：高等教育，2016（1）：1．

[77] 李芸．农村小学教师工作负担的调查与思考——以湖北省孝感市为例[J]．中国教师，2010（3）：3．

[78] 李专．农村中小学教师职业倦怠调查研究[D]．湘潭：湖南科技大学，2010．

[79] 李自天，徐中仁．农村小学教师专业发展内在生成力现状与对策[J]．上海教育科研，2011（3）：55-56．

[80] 李自璋．西部贫困山区农村教师心理健康状况调查分析[J]．校园心理，2013，11（1）：3．

[81] 郦越．贫困地区教师职业倦怠问题的研究[D]．太原：山西医科大学，2023．

[82] 梁雪飞．河池市都安县中学英语女教师职业倦怠调查研究[D]．桂林：广西师范大学，2019．

[83] 刘晨，崔宇晨，李孟哲，等．农村贫困地区小学教师职业认同影响因

素研究［J］．农村经济与科技，2019，30（13）：3.

［84］刘春华．高校教师职业倦怠干预研究［D］．天津：天津大学，2014.

［85］刘航．农村中小学教师职称评定制度的问题与对策［J］．现代教育科学：小学校长，2007（2）：2.

［86］刘厚兵．农村小学科学教学的优势与困难分析［J］．中小学教材教学：小学版，2006.

［87］刘晶晶．民族地区农村小学女教师主观幸福感与工作倦怠的相关性研究——以湖北省恩施州来凤县为例［D］．武汉：中南民族大学，2016.

［88］刘玲．高校教师职业认同与工作满意度，职业倦怠的关系研究——以安徽省新建应用型本科院校为例［D］．合肥：安徽大学，2014.

［89］刘漫琳．油区中小学教师职业倦怠状况调查与对策研究［D］．石家庄：河北师范大学，2023.

［90］刘晴．中小学教师职业倦怠影响因素及模型研究［D］．武汉：华中科技大学，2023.

［91］刘荣敏，孙小燕．农村小学教师工作满意度现状调查及对策研究——以某个县农村教师为例［J］．教育与教学研究，2014，29（7）：4.

［92］刘维良．教师心理卫生［M］．北京：知识产权出版社，1999.

［93］刘卫东，徐万彬．新疆少数民族体育女教师职业倦怠的调查研究［J］．吉林体育学院学报，2007，23（3）：2.

［94］刘晓明，孙蔚雯．农村中小学教师工作压力源的访谈研究：工作任务压力［J］．江苏第二师范学院学报，2011（1）：5-8.

［95］刘晓明，孙蔚雯．农村中小学教师工作压力源的访谈研究：社会压力［J］．江苏第二师范学院学报，2011（1）：9-11.

［96］刘晓明，邵海燕．中小学教师职业倦怠状况的现实分析［J］．中小学教师培训，2003（10）：3.

［97］刘晓明．职业压力，教学效能感与中小学教师职业倦怠的关系［J］．心理发展与教育，2004，20（2）：6.

［98］刘云．面向教育信息化的农村教师专业素养及其评价指标体系研究

［D］．济南：山东师范大学，2016．

［99］刘云珠．当下农村小学的发展困境探析［J］．法制与社会，2019（17）：4．

［100］罗琼．农村小学教师职业幸福感现状调查研究［D］．长沙：湖南师范大学，2016．

［101］吕邹沁．中小学教师工作压力、社会支持与职业倦怠的关系研究［D］．长沙：湖南师范大学，2015．

［102］马林芳，王贵林．关于新课程改革背景下中小学教师职业枯竭的思考［J］．韩山师范学院学报，2007，28（1）：7．

［103］马倩．不可承受的重负［D］．淮北：淮北师范大学，2023．

［104］马莹，赵志纯．农村教师从教动机调查研究［J］．现代教育科学：普教研究，2007（4）：2．

［105］孟勇．中学教师应对方式，教学效能感与职业倦怠关系研究［J］．心理科学，2008（3）：58．

［106］牟艳杰，聂珮瑶．女教师的行为特点及培养［J］．中小学教师培训，2006（12）：3．

［107］欧学宣．农村小学教师队伍建设困境及对策研究［J］．广西教育学院学报，2013（3）：4．

［108］彭艳红．中小学教师组织公平与职业倦怠的关系——心理资本的调节作用与职业认同的中介作用［J］．淮南师范学院学报，2017，19（3）：3．

［109］蒲虹．农村初中父母因素与学生英语学业成就的相关性研究——以攀枝花市盐边县红格中学为例［D］．成都：四川师范大学，2023．

［110］秦胜南．哈他瑜伽练习对初级中学女教师职业倦怠影响的研究［D］．北京：北京体育大学，2023．

［111］秦晓丽．桂林市职业学校教师职业枯竭的现状及影响因素研究［D］．桂林：广西师范大学，2007．

［112］史云静．河北省农村中学教师职业倦怠研究［D］．石家庄：河北师范

大学, 2023.

[113] 宋志斌. 中学教师职业认同、职业倦怠与幸福感状况及其关系研究 [D]. 石家庄: 河北师范大学, 2023.

[114] 睢瑞丹. 农村小学女教师的压力源探寻及对策分析 [J]. 教学与管理: 理论版, 2017 (11): 4.

[115] 孙琳琳. 中学中年女教师职业倦怠影响因素及应对策略 [D]. 大连: 辽宁师范大学, 2013.

[116] 孙晓青, 陈立钢. 皖南山区农村教师从教动机研究 [J]. 合肥师范学院学报, 2015 (5): 5.

[117] 孙远, 叶书兰. 高校教师职业认同和组织承诺与职业倦怠的关系 [J]. 职业与健康, 2015 (7): 3.

[118] 谭有模. 广西农村小学教师流失问题研究 [D]. 桂林: 广西师范大学, 2023.

[119] 唐芳贵, 彭艳. 工作压力, 社会支持与教师职业枯竭关系 [J]. 中国公共卫生, 2007, 23 (5): 3.

[120] 唐名淑. 农村小学教师心理调适及心理健康促进策略——对达州市86名农村小学教师心理压力访谈之启示 [J]. 继续教育研究, 2008 (10): 2.

[121] 田小禾. 浅谈农村小学体育工作中存在的问题及对策 [J]. 学周刊, 2017.

[122] 王斌. 教师心理的性别差异及其教育学意义 [J]. 教育科学, 1993 (1): 5.

[123] 王春梅. 我国农村小学教师流失问题及对策研究 [D]. 南充: 西华师范大学, 2023.

[124] 王芳, 许燕. 中小学教师职业枯竭状况及其与社会支持的关系 [J]. 心理学报, 2004, 36 (5): 568-574.

[125] 王剑兰, 甘素文, 邱梓茵, 等. 粤北地区农村小学教师职业归属感的研究 [J]. 韶关学院学报, 2017, 38 (10): 5.

[126] 王金前. 浅谈农村小学语文教师专业发展策略 [J]. 教育管理与艺术, 2014 (1): 1.

[127] 王苣桢. 武汉市中小学校教师职业倦怠现状及影响因素调查研究 [D]. 武汉: 华中农业大学, 2023.

[128] 王连照, 王嘉毅. 西北农村小学教师培训中的问题与对策 [J]. 中小学教师培训, 2006 (5): 3.

[129] 王树宏. 当前农村小学英语教学面临的困难及对策 [J]. 科教导刊 (下旬), 2015 (9): 56.

[130] 王停晓. 初中女教师职业倦怠的调查研究——以辉县市几所初中的女教师为调查研究对象 [J]. 基础教育, 2013, 10 (3): 78-85.

[131] 王小鑫. 小学教师课堂教学行为性别差异研究 [D]. 大连: 辽宁师范大学, 2023.

[132] 王艳玲. 论中小学女教师的特点与培养 [J]. 河南科技学院学报, 2005 (5): 30-32.

[133] 王燕林. 高中教师职业倦怠的成因及对策研究——以四川省泸州高级中学为例 [D]. 成都: 四川师范大学, 2023.

[134] 王运刚. 农村班主任工作面临的困境与对策 [J]. 教育家, 2016 (27): 3.

[135] 吴晓清. 农村小学教师职业倦怠的研究 [D]. 长沙: 湖南师范大学, 2011.

[136] 伍新春, 曾玲娟, 秦宪刚, 等. 中小学教师职业倦怠的现状及相关因素研究 [J]. 心理与行为研究, 2003 (4): 262-267.

[137] 夏兰辉. 农村小学教师择业动机研究 [D]. 长沙: 湖南大学, 2012.

[138] 向光富. 中学教师工作倦怠, 工作压力, 工作满意及其关系的研究 [D]. 武汉: 华中师范大学, 2005.

[139] 肖庆业, 陈惠玲, 林瑄. 农村小学教师工作满意度影响因素统计分析——以城乡教育一体化为背景 [J]. 闽南师范大学学报: 哲学社会科学版, 2018, 32 (4): 8.

[140] 徐今雅, 蔡晓雨. 工作期待与家庭守望的冲突与困惑——农村女教师工作家庭关系的质性研究 [J]. 浙江师范大学学报: 社会科学版, 2012, 37 (3): 7.

[141] 许燕, 王芳, 张西超, 等. 中国职业女性的职业枯竭状况调查——中小学教师、警察、职业经理人三个职业的比较研究 [J]. 中华女子学院学报, 2005, 17 (3): 7.

[142] 杨凤英. 浅析运用学生成绩评价教师的利弊与注意事项 [J]. 教学与管理: 中学版, 1997 (12): 2.

[143] 杨秀玉, 孙启林. 教师的角色冲突与职业倦怠研究 [J]. 外国教育研究, 2004, 31 (9): 4.

[144] 杨敏炜, 金文洁, 吕双悦. 小学女教师职业倦怠现象研究 [J]. 文教资料, 2017 (1): 3.

[145] 杨清超. 农村小学教师绩效评价问题研究 [D]. 南充: 西华师范大学, 2023.

[146] 杨燕萍. 农村小学女教师专业发展的特点, 困境与对策研究——以甘肃省平凉市崆峒区S乡为例 [D]. 兰州: 西北师范大学, 2011.

[147] 姚波. 农村小学教育的困境及出路 [J]. 网络财富, 2009 (5): 2.

[148] 叶红霞. 心灵开放, 完善自我——一位中职女教师走出职业倦怠的叙事研究 [J]. 中国教师, 2009 (8): 3.

[149] 应允盛. 农村小学教师心理问题分析及对策 [J]. 浙江教育科学, 2005 (6): 6.

[150] 于红丽. 中小学教师自我概念、教学效能感与职业倦怠的关系研究 [D]. 长春: 东北师范大学, 2023.

[151] 袁锦芳. 小学女教师的压力、应对方式与职业倦怠的关系 [J]. 中国健康心理学杂志, 2009 (5): 3.

[152] 张丹. 教师的性别差异与学生发展 [D]. 上海: 华东师范大学, 2023.

[153] 张干一. 农村公立小学面临的困境及对策——以山西省沁县小学为例

[J]．中共山西省委党校学报，2010（4）：2．

[154] 张国庆．新时期教师职业倦怠对策［J］．开封教育学院学报，2007，27（4）：3．

[155] 张红霞．农村小学教师专业发展路径研究［D］．重庆：西南大学，2023．

[156] 张建东．农村贫困地区小学教师职业压力研究［D］．兰州：西北师范大学，2023．

[157] 张洁．农村小学教师专业发展状况研究［D］．长沙：湖南师范大学，2023．

[158] 张娟妮．农村寄宿制小学教师专业发展问题与对策研究［D］．南充：西华师范大学，2023．

[159] 张珊明，袁红梅，王小凤，等．高校教师职业承诺和职业倦怠的关系研究［J］．继续教育研究，2009（11）：3．

[160] 张英．小学教师职业倦怠状况及相关影响因素研究［D］．呼和浩特：内蒙古师范大学，2023

[161] 张永柱．农村小学教师评价的几点认识和思考［J］．中国教师，2013（S1）：2．

[162] 赵必华．影响学生学业成绩的家庭与学校因素分析［J］．教育研究，2013（3）：10．

[163] 赵成林．农村小学教育的困境与相关对策［J］．赤子，2015（3）：1．

[164] 赵思．社会性别视角下农村女教师专业发展现状的实证研究［D］．金华：浙江师范大学，2023．

[165] 赵玉芳，毕重增．中学教师职业倦怠状况及影响因素的研究［J］．心理发展与教育，2003，19（1）：5．

[166] 赵志纯．农村中小学教师工作量的调查研究［J］．陕西教育：教学，2007（7）：2．

[167] 郑春林．大学教师职业倦怠与职业压力研究［D］．重庆：西南大学，2023．

[168] 郑红渠. 西部地区中小学教师职业倦怠与自我效能感的关系研究[J]. 长江师范学院学报, 2008 (6): 5.

[169] 郑晓芳, 崔酣. 中小学教师职业倦怠的人口学因素差异探讨[J]. 医学与社会, 2010, 23 (4): 3.

[170] 周芬芬, 王一涛. 农村学校衰败的个案研究——以Y区S中学为例[J]. 教育发展研究, 2016 (20): 7.

[171] 朱霞桃. 农村寄宿制学校留守儿童情况的调查研究[D]. 合肥: 合肥工业大学, 2023.

[172] 朱延巧, 史波. 农村学校路在何方——论农村小学面临的困境及对策[J]. 教育视界, 2018 (11): 3.

[173] 宗小叶. 对初中英语女教师职业倦怠的研究[D]. 昆明: 云南师范大学, 2023.

[174] 左长生. 农村小学教育教学面临的困境与对策分析[J]. 当代教育理论与实践, 2014, 6 (12): 2.

[175] 张维君. 农村小学教师与家长的交往——对一所农村小学的民族志考察[D]. 兰州: 西北师范大学, 2011.

[176] 谭道玉. 论当代人民教师的奉献精神[D]. 重庆: 西南大学, 2023.

[177] 张丽菊. 改革开放以来教师歌曲中教师形象的研究[D]. 银川: 宁夏大学, 2018.

[178] 张凤琴. 教师职业价值观的理论与实践研究[D]. 呼和浩特: 内蒙古师范大学, 2023.

[179] 郝若平. 从生态学视角论亲师关系对青少年成长的影响[J]. 太原师范学院学报: 社会科学版, 2011, 10 (5): 3.

[180] 肖欢. 小学数学教科书城市化倾向研究[D]. 金华: 浙江师范大学, 2011.

[181] 庞念. 教科书内容城乡倾向差异分析[D]. 武汉: 湖北大学, 2023.

[182] 李小霞. 农村中小学教师无序流失问题的叙事研究[D]. 重庆: 西南大学, 2023.

[183] 冯雷钢. 析当前中小学学生评价中存在的问题 [J]. 开封教育学院学报, 2003, 23 (4): 2.

[184] 张爱兰. 关于中小学学生发展评价若干问题的思考 [J]. 教育科学研究, 2005 (9): 29-31.

[185] 闫健敏. 从行政主导到同行专家评审——中小学教师职称制度改革研究 [D]. 武汉: 华中师范大学, 2017.

[186] 权秀贤. 基于 Rasch 模型的幼儿园教师职业心理韧性量表开发 [D]. 首尔: 梨花女子大学, 2013.

[187] 黄薇薇. 角色理论视角下高校教师的职业认知 [D]. 合肥: 安徽大学, 2018.

[188] 王东升. 中学体育教师职业韧性研究 [D]. 福州: 福建师范大学, 2012.

[189] 李霞. 管理者的职业弹性研究: 结构及其前因后效关系 [D]. 天津: 南开大学, 2010.

[190] 陈时见. 学校教育变革与教师适应性研究 [M]. 上海: 商务印书馆, 2006.

[191] 丁宇. 小学新手教师职业适应性研究 [D]. 扬州: 扬州大学, 2019.

[192] 张群. 农村小学新教师职业适应性的研究 [D]. 西安: 陕西师范大学, 2014.

[193] 葛大伟. 新时代高校师德建设研究 [D]. 武汉: 武汉大学, 2020.

[194] 朱建柳. 高职院校专业教师职业能力模型建构及其应用 [D]. 上海: 华东师范大学, 2016.

[195] 单复. 国外心理学家论青年职业意识之形成 [J]. 当代青年研究, 1994 (1): 37-38.

[196] 钟祖荣, 张莉娜. 教师专业发展阶段的调查研究及其对职后教师教育的启示 [J]. 教师教育研究, 2012, 24 (6): 20-25, 40.

[197] 卢真金. 教师专业发展的阶段、模式、策略再探 [J]. 课程·教材·教法, 2007 (12): 68-74.

[198] 郭小兰. 教育实习对师范生教师职业认知发展的影响研究 [D]. 太原：山西师范大学，2015.

[199] 郑雪莲. 学校环境对特岗教师职业认知的影响研究 [D]. 太原：山西师范大学，2017.

[200] 刘志杰，郑碧娟. 公费师范生新教师职业适应性调查研究——以福建省小学教育专业（专科层次）公费师范生为例 [J]. 当代教育理论与实践，2021，13（1）：151-156.

[201] 陈正国. 职业意识浅析 [J]. 中国职业技术教育，2009（18）：9-11.

[202] 陈紫龙，程卫东. 农村小学教师职业认知与生涯规划现状的调查与分析——以河南省 M 市农村小学为例 [J]. 基础教育论坛，2021（2）：10-13.

[203] 崔艳丽. 中小学新任教师职业认知与职业认同现状及建议——基于北京市中小学 502 名新任教师的调查数据 [J]. 北京教育学院学报，2020，34（5）：17-23.

[204] Wagnild G M, Young H M. Development and psychometric testing of the Resilience Scale [J]. Journal of Nursing Measurement，1993，1（2）：165-178.

[205] Reivich K, Shatté, Andrew. The resilience factor：7 essential skills for overcoming life's inevitable obstacles [J]. 2002.

[206] Connor K M, Davidson J R T. Development of a new resilience scale：The Connor-Davidson Resilience Scale（CD-RISC）[J]. Depression and Anxiety，2003，18（2）：76-82.

[207] Linda R, Caltabiano M L. Development of a New Resilience Scale：The Resilience in Midlife Scale（RIM Scale）[J]. Asian Social Science，2009，5（11）.

[208] Byrne, B. M. The Maslach Burnout Inventory：Validating factorial structure and invariance across intermediate, Secondary, and University Educators [J]. Multivariate Behavioral Research，1991，26（4）：583-605.

[209] Cunningham W. G. Teacher burnout—Solutions for the 1980s: A review of the literature [J]. The Urban Review, 1983, 15 (1): 37-51.

[210] Friedman I A. Burnout in teachers: The concept and its unique core meaning [J]. Educational and Psychological Measurement, 1993, 53 (4): 1035-1044.

[211] Huston, J. Teacher burnout and effectiveness: A case study [J]. Education, 1989, 110 (1), 70-79.

[212] Jacobson D A. Causes and effects of teacher burnout [D]. Walden University, 2016.

[213] John W. Creswell (2013) Qualitative inquiry and research design: choosing among five approaches (3rd ed.). Thousand Oaks: SAGE Publications. 赵宏植, 郑先旭, 金振肃, 等译. 质性研究方法论: 五种可行性方法 [M]. 首尔: 学知社, 2015.

[214] Lee R L, Ashforth B E. A meta-analytic examination of the correlates of the three dimensions of job burnout [J]. Journal of Applied Psychology, 1996, 81 (2): 123-133.

[215] 中国教育统计年鉴2017 (中国教育统计年鉴编辑委员会) [EB/OL].

[216] 新浪教育. 教师生存状况调查报告: 教师生存状况分析 [EB/OL].

[217] 中国教育改进报告 [EB/OL].

[218] 国家中长期教育改革和发展计划 (2010-2020) [EB/OL].

[219] 乡村教师支持计划 [EB/OL].

[220] 国务院关于基础教育改革与发展的决定 [EB/OL].

[221] 2016年教师生存调查报告 [EB/OL].

[222] 新华网. 传统输出大省农民工回流趋势明显 [EB/OL].

[223] 中国新闻网. 要像重视学生成绩一样重视教师心理 [EB/OL].